Libellus

Livius

Ab urbe condita

Römische Männer, Frauen, Wertvorstellungen

von Hans-Joachim Glücklich

Ernst Klett Verlag
Stuttgart · Leipzig · Dortmund

Vokabeltrainer

Im Internet finden Sie unter www.klett.de einen Vokabeltrainer zum kostenlosen Download, mit dem Sie den Lernwortschatz aus „Livius, Ab urbe condita“ nach dem Karteikartenprinzip lernen können.

Libellus-Code 56yp9z

Symbole

für Kurzreferate geeignete Aufgaben

für Gruppenarbeit geeignete Aufgaben

Quellennachweis

Cover Alamy stock photo (Archivart), Abingdon, Oxon; **4.1** gemeinfrei, public domain, domaine public; **10.1** dreamstime.com (Jozef Sedmak), Brentwood, TN; **17.1** Alamy stock photo (Archivart), Abingdon, Oxon; **20.1** ShutterStock.com RF (D.R.3D), New York, NY; **20.2** akg-images (De Agostini Picture Library), Berlin; **21.1** Alamy stock photo (World History Archive), Abingdon, Oxon; **27.1** akg-images, Berlin; **30.1** VG Wort, München; **31.1** 123rf Germany, c/o Inmagine GmbH (Alexander Perepelitsyn), Nidderau; **35.1** akg-images, Berlin; **36.1** VG Wort, München; **37.1** 123rf Germany, c/o Inmagine GmbH (Alexander Perepelitsyn), Nidderau; **62.1** Alamy stock photo (Fine Art Images / Heritage Image Partnership Ltd), Abingdon, Oxon; **63.1** By John F. Kennedy - John F. Kennedy Library Boston / Landesarchiv Berlin, Public Domain; **73.1** Friedrich VON HAGEDORN: Der Glieder Streit mit dem Magen. In: Hermann LINDNER: Fabeln der Neuzeit. England, Frankreich, Deutschland. Ein Lese- und Arbeitsbuch. München: Fink, 1978, S. 169; **73.2** Christian August FISCHER: Politische Fabeln. Königsberg: Friedrich Nicolovins 1796, S. 38–40

1. Auflage 1 6 5 4 3 2 | 2028 27 26 25 24

Autor: Prof. Dr. Hans-Joachim Glücklich, Frankfurt am Main
Redaktion: Dr. Dorothea Walz, Schwerin; Christine Siegel
Unter der Mitarbeit von Dr. Benedikt Simons, Düsseldorf.

Entstanden in Zusammenarbeit mit dem Projektteam des Verlages.

Layout: Jens-Peter Becker, Schwäbisch Gmünd
Satz: Satzteam 7, Bondorf
Druck: AZ Druck und Datentechnik GmbH, Kempten/Allgäu

Printed in Germany
ISBN 978-3-12-623182-4

9 783126 231824

Inhalt

Vorwort

Liebe Leserinnen und Leser!

Viele sagen: Man kann aus der Geschichte lernen. Oder: Man soll aus der Geschichte lernen. Der berühmte Philosoph Georg Friedrich Wilhelm Hegel (1770–1830) sagte allerdings schon:

> *Was die Erfahrung aber und die Geschichte lehren, ist dieses, daß Völker und Regierungen niemals etwas aus der Geschichte gelernt und nach Lehren, die aus derselben zu ziehen gewesen wären, gehandelt haben.*

(Vorlesungen über die Philosophie der Weltgeschichte. Bd. 1: Die Vernunft in der Geschichte, hg. v. Johannes Hoffmeister, Hamburg 1994, S. 19).
Immer wieder wird behauptet, Geschichte trage zur „Identitätsstiftung" einer Nation bei. Dazu sollen zum Beispiel Museen, Denkmäler, ein „Haus der Geschichte" und vieles andere beitragen. Manchmal enthalten auch Lehrpläne für die Schule solche Ziele. Die Beschäftigung mit der eigenen Geschichte und Vergangenheit kann also zweckgerichtet von anderen genutzt werden, um bestimmte Einstellungen bei jedem einzelnen Individuum und Staatsbürger zu erreichen. Entsprechend wurde auch das Geschichtswerk des römischen Autors Livius immer wieder neu interpretiert, mal nationalistisch, mal konservativ, mal progressiv.
Sie, liebe Schülerinnen und Schüler, haben im Lateinunterricht den Vorteil, dass Sie sich über die Sprache und die geduldige und genaue Texterschließung Ihr eigenes Bild von den Texten des Livius machen können. Dadurch gewinnen sie einen direkten Zugang zum Text. Ständig versuchen Sie, den Textsinn zu erfassen, und bringen dabei ganz natürlich Ihre eigenen Vorstellungen ein und vergleichen sie mit dem Text. Dadurch erweitern Sie Ihre eigenen Vorstellungen produktiv.
Livius erzählt spannende Geschichten und verbindet sie mit der politischen Entwicklung. All diese Geschichten bildeten seit eh und je einen Fundus an Verhaltensmustern und Anregungen, die in der französischen und der amerikanischen Revolution ebenso wirksam wurden wie bei Autoren von der Antike bis heute, in Texten, Bildern, Filmen. Diese Textausgabe beschränkt sich auf Darstellungen zur Gründungszeit, zur Königszeit und zur frühen republikanischen Zeit.
Dass Livius in großem Ausmaß mit der Sprache experimentiert, soll seinen Text attraktiv machen. Es bedarf aber einiger Kunstgriffe, um den Text richtig zu erfassen. Dazu bietet diese Textausgabe viele Möglichkeiten. Durch die Arbeit am Text lernen Sie die Inhalte genau kennen, Sie erkennen die Art und die Absicht, in der diese Inhalte dargestellt werden, und verstehen durch eigenes Erleben, warum sie eine Wirkung bis heute entfalten.
Wenn Sie dann für sich einen Gewinn sehen oder auch den Behauptungen vom Wert der Geschichte oder vom Unwert der Beschäftigung mit der Geschichte zustimmen, dann tun Sie dies selbstständig, aus eigener Verantwortung und eigener Kenntnis heraus. Umso sicherer wird Ihre Zustimmung oder Ablehnung.

Viel Freude bei der Lektüre!
Der Herausgeber

Einleitung

Livius – ein Historiker in der Zeit des Augustus

1 Livius und Augustus

Der römische Geschichtsschreiber Titus Livius lebte von 59 v. Chr. bis 17 n. Chr. Das ist genau die Zeit, in der der junge Octavian aufwuchs, von Caesar adoptiert wurde, dann gegen Mark Anton um die Macht kämpfte, siegte und sich an die Spitze des Staates setzte und schließlich den Titel „Augustus" verliehen bekam. Livius stammte aus Patavium (heute: Padua). Er siedelte in die Hauptstadt Rom über. Dass ihn Rom anlockte, lag sicher an dem Erleben einer neuen Friedenszeit unter Kaiser Augustus. Livius war mit dem Herrscher persönlich bekannt, gehörte aber keinem Fördererkreis an wie viele Dichter, die entweder von Augustus oder dessen Freund und Berater Maecenas unterstützt wurden.

Augustus führte nur noch in Außenbereichen des Imperium Romanum Krieg, sodass die Bewohner Italiens und weiter Teile des Imperium Romanum meinen konnten, endlich in Friedenszeiten zu leben. Diese *pāx Augusta* wurde verherrlicht in der *Āra pācis*, einem prachtvollen Friedensalter in Rom.

2 Prinzipat

Die von Augustus begründete Herrschaftsform nennt man Prinzipat. Das Wort *princeps* meint den Ersten unter Gleichen, *prīmus inter parēs*. Im Jahr 27 v. Chr. gab Octavian zunächst alle besonderen Herrschaftsbefugnisse an den Senat und die Volksversammlungen zurück, sodass man von einer Restauration mit Rückkehr zu alter Verfassung und alten Werten sprechen konnte. Im Jahr 27 v. Chr. ehrte der Senat Octavian nach dessen Sieg bei Actium (über Antonius und Cleopatra) mit dem Namen Augustus, „der Erhabene". Das ermöglichte die Verbindung der republikanischen Verfassung mit der Vorherrschaft eines Einzelnen. Augustus wurde zunächst Konsul auf Lebenszeit, nur der (dann unbedeutende) jeweilige Kollege hatte die bis dahin übliche Amtszeit von einem Jahr. Schließlich aber konnte Augustus auf das Konsulat verzichten. Denn er erhielt die Oberherrschaft über die römischen Provinzen (das sogenannte *imperium prōcōnsulāre māius*), das ihn über die jeweiligen Provinzstatthalter stellte. Und er erhielt die uneingeschränkte und dauernde *tribūnīcia potestās*, sodass er jederzeit als Beauftragter der Volksversammlungen Anträge im Senat durchsetzen (*iubeō*) oder Anträge anderer ablehnen konnte (*vetō*). Verbunden damit war die sogenannte *sacrōsānctitās*, die Unantastbarkeit. Ebenso bekam er immer wieder aus aktuellen Anlässen die *cēnsōria potestas* (amtliche Macht eines Zensors) eingeräumt. Sie ermöglichte es ihm, Senatoren seiner Wahl im Senat zu haben.

3 Moralgesetze des Augustus

Augustus führte strenge Moralgesetze und insbesondere Ehegesetze ein. Die *lēx Iūlia dē adulteriīs coercendīs* aus dem Jahr 18 v. Chr. machte den Ehebruch zu einem strafrechtlich verfolgbaren Delikt. Der Ehebruch einer verheirateten Frau wurde als *adulterium*, der Sexualverkehr eines Mannes mit einer unverheirateten Frau wurde als *stuprum* (Schande) bezeichnet. Nur wenn sich verheiratete Männer an der Frau eines anderen Mannes vergriffen, wurde auch dieses als *adulterium* bezeichnet. Das Gesetz diente also dem Schutz der Ehe und dem Schutz unverheirateter freier Frauen.

4 Selbstdarstellung des Augustus

Augustus gilt als der perfekte Inszenator seiner selbst. Dies tat er durch Bildwerke und Schriften. Durch seine Bautätigkeit und Bildpolitik wirkte er auf die Vorstellungen der Römer und der Bürger des Imperium Romanum ein. Immer steht in Statuen und Reliefs Augustus im Mittelpunkt. Dabei schauen Götter auf ihn: Götter des Kosmos wie der Sonnengott; Götter der Staatreligion wie die obersten Götter Jupiter, Mars, Quirinus (= Romulus) und Mars; Götter seiner Familie und gleichzeitig des Staats wie sein persönlicher Schutzgott Apoll, Venus als die Ahnherrin der Familie der Iulier und sein Adoptivvater Caesar, der *dīvus Iūlius*, „Gott Iulius", hieß; Götter der Erde und Roms wie Roma, Italia, Tellus (= Erde). Auch Darstellungen berühmter Vorfahren der Römer wie Aeneas werden auf Augustus bezogen, denn der Sohn des Aeneas ist *Íulus*, auf den sich die *gēns Iūlia* zurückführt und zu der Caesar und sein Adoptivsohn Octavian Augustus gehören. Oft werden Mitglieder der Familie des Augustus, berühmte Freunde sowie führende Personen der Zeit mit in die Darstellung einbezogen. Alles sollte auf die Bedeutung des Augustus und Roms hinweisen.

5 Das Werk des Livius in der Rezeption seiner Zeit und in späteren Zeiten

In dieser von Augustus geprägten Zeit bot Livius seinen Lesern eine Darstellung der römischen Geschichte von den Anfängen an. Er nannte sein Werk *Ab urbe condita*, „Von der Gründung der Stadt an". Die Leser lasen das Werk aus ihrer Zeit heraus und stellten Verbindungen von der Vergangenheit in ihre Gegenwart her.

Es ist kein Wunder, dass Augustus die Arbeit des Livius wohlwollend förderte. Denn wie jeder Historiker betrachtet auch Livius die Geschichte nicht nur aus einem Blickwinkel, den er für die Zeit der dargestellten Ereignisse annimmt, sondern auch aus dem Blickwinkel seiner eigenen Zeit und mit seinen ganz persönlichen Ansichten. Augustus konnte nur daran gelegen sein, dass ein Geschichtsschreiber darstellte, wie viele Römer, ihre Haltungen und Leistungen den römischen Staat begründet und entwickelt haben. Dabei spielen persönliche Leistungen und Haltungen der Römer eine Rolle, die man als *virtūtes* bezeichnete. Augustus gab vor, altrömische Werte zu erneuern und zu bestärken und gab seine Regierung als *restitūtiō reī pūblicae* aus, auch wenn sie in Wirklichkeit eine revolutionäre Umformung der Verfassung war. Auf diese Problematik wird in den Informationen und Arbeitsaufträgen zu den Texten immer wieder eingegangen.

Auch in späteren Zeiten vermittelte die Darstellung des Livius über die römische Geschichte immer wieder Anregungen, Vorbilder oder auch Gegenbeispiele zu eigenen Ansichten und Haltungen. Die bei Livius dargestellten Römer und Römerinnen wurden Modelle für das Verhalten in der Französischen Revolution und im amerikanischen Unabhängigkeitskampf, ebenso wie sie Beispiele für Herrschaftsformen und gerechte und ungerechte Herrscher boten. Daher ließen sich Monarchen ihre offiziellen Räume mit Gemälden zur römischen Geschichte ausstatten, die von den Texten des Livius inspiriert waren.

6 Sprache des Livius (SPR)

Augustus schuf „Bilder" mit Bauten und mit Hilfe der Architektur. Livius erzeugt durch seine Formulierungen „Bilder" und verbindet sie mit akustischen Eindrücken. Römer lasen Texte nämlich halblaut. Sie machten Atempausen an den richtigen Stellen eines Satzes. Sie hörten Klangwirkungen (→ Stilmittel, St 19, S. 90). Sie schufen sich Wort für Wort oder Kolon für Kolon (Satzabschnitt für Satzabschnitt) eine Vorstellung von dem Geschriebenen und Gehörten. Sie begannen also nicht etwa irgendwo im Satz mit einem Wort, sondern nahmen den Text in der Reihenfolge auf, wie sie der Autor geschrieben hatte.

Livius verwendet die lateinische Sprache mit Virtuosität und herausforderndem Mut, denn er formt manchmal Sätze, die eher eine Bildabfolge

sind und kein einfacher normaler Satz. Er kann je nach Darstellungsabsicht ganz kurze und ganz lange Sätze verwenden.
Wie man seine längeren Sätze erarbeiten kann, wird im Kapitel „Wie man Sätze und Texte erschließt" (→ S. 81–87) dargestellt. Einige sprachliche Mittel, die Livius häufig verwendet, werden im Folgenden erläutert. Ergänzt wird diese Auflistung durch eine Darstellung häufiger Stilmittel im Kapitel „Stilmittel" (→ S. 89–91).

1 Wörter

- **Ungewöhnliche Wortverwendungen**: *Quīn invīsimus nostrārum ingenia?* „Warum besichtigen wir nicht den Charakter unserer Frauen?" (*a.u.c.* 1,57,6, Text 10. Die Männer wollen nachschauen, was die Frauen tun, und daraus ihren Charakter erkennen.)
- **Verwendung alternativer Substantive**: *volnus* statt *vulnus* „die Wunde, die Verwundung". Gründe: a) Klangwirkung, wenn auch sonst viele *o*-Laute zu hören sind. – b) Anpassung an den Inhalt. Oft sind die Alternativformen eher einfaches, volkssprachliches Latein, daher können sie Berichte über das Verhalten der Plebs charakterisieren.
- **Verwendung unpersönlicher Ausdrücke**: Im Lateinischen gibt es eine Reihe von Ausdrücken, die einen seelischen Vorgang als eine Kraft darstellen, die von außen kommt und den Menschen trifft. Der Vorgang steht in der 3. P. Sg., die betroffene, fühlende Person steht als Akk.-Objekt, der auslösende Vorgang im Genitiv der Bereichsangabe. Im Deutschen bevorzugt man die persönliche Form: *Cum iam vīrium haud paenitēret, cōnsilium deinde vīribus parat.* „Zwar bereute Romulus schon die vorhandenen Kräfte nicht, aber er schuf für sie dann eine planende Instanz." (*a.u.c.* 1,8,7, Text 3)

2 Wortformen

- **Verwendung nicht assimilierter Formen**: Beispiel: *adferre* statt *afferre*. Damit wollen gebildete Menschen zeigen, dass sie wissen, dass das Wort aus einer Vorsilbe (meist einer Präposition) und einem Grundverb (*verbum simplex*) zu einem *verbum compositum* zusammengesetzt ist. Ausgesprochen wurden beide Formen in der assimilierten Form, also *adferre* wie *afferre*.
- **Kurzformen in den Endungen des Perfekts**: *-ēre* statt *-ērunt*, z. B. *iussēre* statt *iussērunt*. Solche Formen sind vor allem in der Dichtung üblich.
- **Perfektformen ohne Perfektkennzeichen *-vi-***, z. B. *laudāsse* statt *laudāvisse, cōnsuēsse* statt *cōnsuēvisse, laudāstī* statt *laudāvistī, appellārunt* statt *appellāvērunt*.
- **Genitiv Singular: statt *-iī* nur *-ī***, z. B. *Tatī* „des Tatius" (*a.u.c.* 1,10,1, Text 4)
- **Genitiv Plural auf *-um* statt -ōrum**, z. B. *deum* statt *deōrum*.

3 Syntax (Satzbau)

- **Häufige Verwendung des *Genitīvus partītīvus* („des geteilten Ganzen" / „des Teilungsverhältnisses")**: Die Gesamtmenge steht im Genitiv, die Teilmenge in einem Pronomen oder Mengenwort, z. B. *quid enim salvī est mulierī āmissā pudīcitiā?* „Was gibt es Gesundes für eine Frau, wenn ihre Ehre verloren ist?" (*a.u.c* 1,58,7, Text 11); *quod hominum erat* „wieviel es (an) Menschen gab, wie viele Menschen es waren" (*a.u.c* 1,6,4, Text 2); *hominum* nennt die Gesamtmenge, *quod* gibt die Teilmenge an (vgl. frz. *combien de*).
- **Verwendung des „erklärenden Genitivs"**, z. B. *nōmen Tatī* „der Name Tatius". Diese Ausdrucksweise ist aber typisch lateinisch und wird immer verwendet, nicht nur von Livius.
- **Wegfall von Formen von *esse*** (Ellipse, d. h. „Auslassung" → Stilmittel, St 10, S. 89):
Oft lässt Livius die Form von *esse* bei adjektivischen Prädikatsnomina, bei Infinitiven des Perfekts Passiv und bei Prädikaten im Perfekt Passiv weg: *mīrum* statt *mīrum est; passa* (ohne *est*) „sie ertrug"; *raptam* (ohne *esse*) *ferunt* „sie berichten, dass sie geraubt wurde". Aber: *futūrum* ohne *esse* ist normal: Der Infinitiv Futur steht so gut wie bei allen Autoren ohne *esse*.

►TIPP Man muss aufpassen, ob solche Formen Prädikat sind oder ein Participium coniunctum, also der Ersatz eines Gliedsatzes.

- **Wegfall von Pronomina im A.c.i.**: *raptum* statt *eum raptum esse* „dass er entrissen wurde". → Die **Wirkung der elliptischen Ausdrucksweise** ist: a) Monumentalisierung (auch auf Monumenten ließ man die Formen von *esse* weg, man spricht daher auch vom „lapidaren Stil" (*lapis, lapidis m.*: Stein)). – b) Beschleunigung (Präzipitation), ein Stilmittel. Gerade am Schluss eines Textabschnitts wird so die Darstellung „schneller" (*praecipitāre* „beschleunigen"). – c) Betonung des sachlichen Inhalts des Verbs statt der Form.

- **Verwendung des adjektivischen Attributs statt eines Genitiv-Attributs**: *quae maximē ad muliebre ingenium efficācēs precēs sunt* (statt: *ad ingenium mulierum*) „solche Bitten haben eine besondere Wirkung auf das Wesen der Frauen" (*a.u.c* 1,9,16, Text 4). Öfters hat diese Formulierung eine verallgemeinernde Wirkung, aber nicht immer: *victō malīs muliebrī pavōre* „nachdem durch die Übeltaten der Schrecken der Frau (Lucretia) besiegt war" (1,13,1, Text 5).
- **Cōnstrūctiō ad sēnsum** (Konstruktion nach dem Sinn): Das Prädikat kann im Plural stehen, wenn das Subjekt zwar im Singular steht, aber mehrere Personen meint: *forte in quem quaeque inciderat, raptae sunt* „an wen eine (Frau) gerade geraten war, sie wurden geraubt" (*a.u.c* 1,9,11, Text 4). Umgekehrt Singular trotz zweier Subjekte: *conclāmat vir paterque* – ein einstimmiges lautes Klagen (*a.u.c* 1,58,11, Text 11).
- **Historischer Infinitiv**: Livius verwendet oft den sogenannten historischen (= erzählenden) Infinitiv statt einer Imperfektform. Dieser Infinitiv hat also weder Personalendungen noch Tempuszeichen. Dadurch soll nur der Inhalt des Verbs wirken. Dieser Infinitiv drückt oft wie das Imperfekt eine sich wiederholende oder länger dauernde Handlung aus. Meist kommen die historischen Infinitive gleich zwei- oder dreimal hintereinander vor, z. B. *Tarquinius fatērī amōrem, ōrāre, miscēre precibus minās, versāre in omnēs partēs muliebrem animum*. „Tarquinius gestand seine Liebe, bat, mischte unter die Bitten Drohungen, wendete das Denken der Frau in alle Richtungen." (*a.u.c.* 1,58,3, Text 11). Manchmal steht er aber auch vereinzelt: *Suam quisque laudāre mīrīs modīs*. „Jeder lobte seine Frau in ganz ungewöhnlicher Weise." (*a.u.c.* 1,57,6, Text 10).
- **Satzarten zur Charakterisierung**: Feldherrn und andere Befehlshaber geben Kommandos und Anweisungen in kurzen Sätzen. Überlegungen und Reflexionen werden durch lange Sätze gekennzeichnet.
- **Sehr lange Sätze**: Bei solchen Sätzen empfiehlt es sich, nicht sofort zu übersetzen, sondern der Satz in kleine Abschnitte (Kola) einzuteilen und zunächst diese für sich gleichsam als kleine Hauptsätze wiederzugeben (→ Wie man Sätze und Texte erschließt, S. 81–87). Dadurch kann man den vom Autor geplanten Ablauf und die von ihm beabsichtigte Wirkung erkennen. – Solche extrem langen Sätze stellen in einem einzigen Ablauf alle Vorbedingungen und Wirkungen eines Geschehens dar. Sie sind sozusagen ein Comicstrip oder ein Gemälde mit vielen Einzelheiten.

► **TIPP 1** Gliedern Sie so oft wie möglich lange Sätze.

► **TIPP 2** Lesen Sie so oft wie möglich sich selbst und anderen die Sätze und Texte laut vor.

Zeittafel

753–510 v. Chr.	**Königszeit** (Livius, Buch 1, Texte 1–11)
753 v. Chr.	Gründung Roms: in der Sage durch Romulus, in der Geschichtsforschung durch Etrusker, die in Latium an die Macht kommen
753–716 v. Chr.	Angenommene Regierungszeit des ersten Königs Romulus
520–510 v. Chr.	Angenommene Regierungszeit des letzten, schließlich vertriebenen Königs Tarquinius Superbus

509 – 31 v. Chr.	**Republikanische Zeit** (Livius, ab Buch 2)
509 v. Chr.	Erster Konsul Brutus (Text 12) und Kampf für die neue Republik (Texte 13–15), danach die sogenannten Ständekämpfe (→ Grundwissen 4.3, S. 79; Text 15)
451 v. Chr.	Zwölf-Tafel-Gesetzgebung
387 v. Chr.	Eindringen gallischer Stämme in Italien, Zerstörung Roms, Friedensvertrag, Wiederaufbau Roms mit Stadtmauer um die sieben Hügel Roms (Text 16)
340 – 338 v. Chr.	Latinerkriege. Latinische Städte werden durch Einzelverträge an Rom gebunden.
326 – 295 v. Chr.	Krieg gegen das Nachbarvolk der Samniten. Die Römer unterliegen zunächst (304 v. Chr.), aber setzen sich schließlich durch und bringen ganz Mittelitalien unter ihre Macht (295 v. Chr.).
287 v. Chr.	Ende der Ständekämpfe. Die von Hortensius beantragte und nach ihm benannte *lex Hortensia* gibt den Beschlüssen der plebeischen Versammlungen Gesetzeskraft.
264 – 241 v. Chr.	Erster Punischer Krieg: Karthager und Römer kämpfen um die Vorherrschaft über den Mittelmeerraum. Feldherrn Karthagos: Hamilkar Barkas (Vater Hannibals) und Hasdrubal (Schwiegersohn Hamilkars). Rom gewinnt die Herrschaft über Süditalien und Sizilien, Karthago gewinnt die Herrschaft über einen großen Teil Spaniens.
218 – 202 v. Chr.	Zweiter Punischer Krieg; Feldherrn: der Karthager Hannibal, der Römer Publius Cornelius Scipio Minor (d. J.). Verlustreiche Schlachten, schließlich aber Sieg der Römer in der Schlacht von Zama (202 v. Chr.)
155 – 146 v. Chr.	Dritter Punischer Krieg: endete mit der Zerstörung Karthagos durch die Römer.
2. Jh. v. Chr.	Ausdehnung der römischen Herrschaft in Kämpfen in Griechenland, Vorderasien und Nordafrika und Abwehr germanischer Einfälle in Italien.
2. Jh./2. Hälfte – 1. Jh./1. Hälfte	Soziale Auseinandersetzungen und Machtausweitung des Imperium Romanum im Osten und in Afrika; bekannte Personen: die Gracchen (Sozialreformen), Marius (Einführung eines Berufsheeres), Sulla (Diktator von 82–79 v. Chr.). Danach weitere Auseinandersetzungen zwischen denen, die mehr Rechte des Senats und der *nōbilēs* wünschten, und denen, die die Rechte der Volksversammlungen erhalten wollten.
59–44 v. Chr.	Von der Republik zur Alleinherrschaft. Geburtsjahr des Livius ist 59 v. Chr.; 59: Caesar ist zum ersten Mal Konsul; 58–51 v. Chr.: Gallischer Krieg; 49–46 v. Chr.: Krieg zwischen Caesar und Pompeius; 45 v. Chr.: Alleinherrschaft Caesars; 44 v. Chr.: Ermordung Caesars.
ab 43 v. Chr.	Kampf Octavians um die Herrschaft: 42 v. Chr.: Schlacht von Pharsalos (Sieg über die Mörder Caesars Brutus und Cassius): 31 v. Chr.: Schlacht von Actium (Sieg über Antonius und Cleopatra)
30 v. Chr. – 476 n. Chr.	**Kaiserzeit**
30 v. Chr. – 14 n. Chr.	Octavian „princeps" im Imperium Romanum, als „Augustus" nach seinem Sieg bei Actium 27 v. Chr. erster Kaiser Roms. Livius stirbt 17 n. Chr.

1 Ohne Vorwort geht es nicht

In einem längeren Vorwort nennt der Autor Gründe, warum er sein Werk schreibt. Ob er es am Beginn seiner Arbeit oder als Zusammenfassung am Ende seiner Arbeit geschrieben hat, kann man nicht sagen. Das Vorwort ist schwierig zu lesen. Livius versucht, die Aufmerksamkeit seiner Leser zu erreichen, indem er oft komplizierte Formulierungen verwendet.
Deswegen wird das Vorwort hier nur zusammengefasst.

- Livius weiß nicht, ob ihm sein Werk Ruhm bringt, aber wenn er es wüsste, würde er es nicht aussprechen.
- Seine Arbeit ist schwierig, weil er über bekannte Ereignisse schreibt und auch andere Geschichtsschreiber sich darin versuchen. Aber: „Es wird trotzdem Freude machen, für die Erinnerung an die Taten des führenden Volkes der Welt, soweit das einem Mann möglich ist, gesorgt zu haben."
- Das Werk zu schreiben, ist mühevoll. Denn Livius stellt dar, wie Rom aus ganz kleinen Anfängen groß geworden ist – so groß, dass es schon an seiner eigenen Größe leidet. Und die Menschen lesen lieber etwas über die neue Lage Roms, über sein Leiden an der eigenen Größe.
- Livius will sich vom Betrachten der Übel der jüngeren Geschichte vor der Zeit des Augustus abwenden und sich gelassen die Ereignisse der früheren Geschichte vor Augen führen.
- Er will aber sein Werk erst mit der Gründung der Stadt Rom beginnen. Was davor geschehen ist, sei nicht belegbar, sondern werde eher von Dichtern in ausgeschmückter Form dargestellt.
- Die Anfänge eines Staates werden oft auf göttliche Urheber zurückgeführt. Es ist allerdings bei den kriegsberühmten Römern hinnehmbar, wenn sie Roms Gründung auf Mars zurückführen.
- Der Leser soll genau betrachten: „Was für ein Leben war es, welche Charakterzüge waren es, durch welche Männer und durch welche Fähigkeiten ist zu Hause und im Krieg die Herrschaft erst geschaffen, dann vermehrt worden?"
- Der Leser soll ferner die Entwicklung von Haltungen oder Fehlhaltungen genau beachten: Die Selbstdisziplin vermindert sich, dann sinken die guten Haltungen – so lange, bis man zur Gegenwart gekommen ist, in der man weder die entstandenen Fehlhaltungen ertragen kann noch die versuchten Heilmittel gegen diese Fehlhaltungen.
- Die Beschäftigung mit der Geschichte zeigt beispielhafte Haltungen in positiver und negativer Hinsicht, also nachahmbare oder nicht nachzuahmende.
- „Kein Staat war je größer und heiliger und reicher an guten Mustern und keiner, in den Habgier und Verschwendung so spät eingewandert sind, und keiner, wo für Armut und für damit verbundene Sparsamkeit Ehrung in so großem Ausmaß und so lange erfolgte."
- „Je weniger es an Besitz gab, desto weniger Begehrlichkeit gab es. Erst seit kurzer Zeit haben Reichtum und alle Ufer übertretende Begierden die Sehnsucht, durch Luxus und

Abb. 1: Titus Livius. Statue am Parlamentsgebäude, Wien

Begierde unterzugehen und alles zu vernichten, ins Land gebracht." Aber darüber will Livius nicht klagen.

- Da Livius kein Dichter ist, will er sein Werk nicht mit poetischen Anrufungen der Götter und Göttinnen beginnen.

Unter dem Eindruck dieser Thesen soll der Leser das Werk *Ab urbe condita* lesen. Sie können also ein Portfolio, eine Sammlung von Beobachtungen und Antworten, zu den folgenden Leitfragen beginnen und bei jedem gelesenen Text erörtern und erweitern:

Leitfragen

L1 Analysieren Sie, wie Livius seine Darstellung glaubwürdig machen will und welche sprachlichen und stilistischen Mittel er zur Beeinflussung des Lesers verwendet – gemäß → Einleitung 6 SPR, S. 6–8; → Grundwissen 3: Erzähltechniken und Elemente einer Erzählung, S. 77–79; → Stilmittel, S. 89–91.

L2 Legen Sie dar, wie Livius Vergangenheit und Gegenwart beleuchtet und die Beurteilung des römischen Volkes als des zur Weltherrschaft berufenen Volkes nahelegt.

L3 Analysieren Sie, ob er etwas über Probleme Roms in der Zeit des Autors aussagt.

L4 Analysieren Sie, ob er zur Lösung dieser Probleme beitragen kann oder eher von ihnen ablenkt.

L5 Analysieren Sie jeden Text darauf hin, ob er Sage und Geschichtsschreibung vermischt, ob er profane Ereignisse mit einer religiösen oder göttlichen Aura umgibt und ob er dies kritisch oder unkritisch tut.

L6 Analysieren Sie und stellen Sie bei jedem Text detailliert dar: Welche Lebensweise, welche Persönlichkeiten, welche Charakterzüge der Menschen haben die römische Herrschaft erst geschaffen, dann vermehrt?

L7 Analysieren Sie und stellen Sie bei dafür passenden Texten detailliert dar, wie Livius das Sinken von Moral, die Selbstdisziplin und den Einsatz für den gesamten Staat (*virtūs*) darstellt und wie er Wertungen der Leser nahelegt.

L8 Erörtern Sie, ob ein in positiver oder negativer Weise „beispielhaftes" Verhalten dargestellt wird und ob dies Vorbild oder Warnung in der Zeit des Livius, in späterer Zeit oder heute sein kann.

2 Romulus und Remus

Rom wurde angeblich 753 v. Chr. gegründet (Merkvers: „Sieben-fünf-drei, Rom kroch aus dem Ei“). Das Jahr ist eine Fiktion. Die Römer nutzten die Stadtgründung als Grundlage ihrer Zeitrechnung: Sie zählten „im ersten, im zweiten Jahr *ab urbe condita*“ („seit Gründung der Stadt“). Damit übernahmen sie die Zeitrechnung der Griechen, die die Jahre von den ersten Olympischen Spielen an (753 v. Chr.) zählten.

Während der ersten ca. 250 Jahre herrschten (etruskische) Könige in Rom. Ihr Wirken beschreibt Livius im ersten Buch seines Geschichtswerks. Dieses endet mit der Herrschaft und Vertreibung des letzten Königs, Tarquinius Superbus, 509/508 v. Chr.

In den ersten vier Kapiteln von Buch 1 seines Werkes gibt Livius einen kurzen Überblick über die Vorgeschichte bis zur Gründung Roms. Sie reicht von der Flucht des Trojaners Aeneas aus dem brennenden Troja bis zu seiner Ankunft in Italien. Livius erwähnt aber am Anfang andere Trojaner, die ebenfalls nach Italien kamen. So kann er seine eigene Heimat Padua und andere italische Völker einbeziehen, die früh in den Herrschaftsbereich der Stadt Rom gelangt waren.

Gaius Iulius Caesar und sein Adoptivsohn Octavian, der später Augustus, „der Erhabene“, genannt wurde, führten ihre Herkunft ausdrücklich auf den Sohn des Aeneas zurück. Dieser hieß eigentlich Ascanius, wird aber in einer Prophezeiung in Vergils *Aeneis* Íulus genannt. Daraus leitete die Familie der Iulier (*gēns Iūlia*) ihre Herkunft ab.

Aeneas gründet, wie Livius schreibt, in Italien die Stadt Lavinium. Der Name kommt von seiner Frau Lavinia, die er in Italien heiratet. Sie ist die Tochter des Königs Latinus, der aufgrund einer Prophezeiung in Aeneas den künftigen Herrscher Italiens sieht und ihm seine Tochter Lavinia zur Frau anbietet. Lavinium wird danach vom Sohn des Aeneas und von dessen Nachfolgern regiert (also von Ascanius – Íulus – Iulius). Lavinium wird bald zu klein für die Einwohner. Ascanius überlässt die Regierung seiner Mutter Lavinia und gründet selbst auf dem Gebiet der Latiner die Stadt Alba Longa.

Viele Generationen nach Ascanius regiert dort Numitor. Er ist der erstgeborene Sohn des Königs Proca und damit rechtmäßiger Herrscher. Aber sein jüngerer Bruder Amulius erkennt ihn nicht als König an und stürzt ihn vom Thron. Wie üblich sorgen Usurpatoren der Macht dafür, dass es keine Nachkommen des rechtmäßigen Königs gibt, die die Macht beanspruchen könnten. So zwingt er Numitors Tochter Rea Silvia, Vestalin zu werden. Vestalinnen sind die Priesterinnen der Göttin Vesta, die als Schützerin des Staates gilt. Sie sind verpflichtet, unverheiratet und sexuell enthaltsam zu leben. Auf diese Weise glaubt Amulius verhindern zu können, dass ein Konkurrent aufgrund seiner Abstammung die Macht beanspruchen kann. Aber Livius und die Leser wissen: Rom existiert noch gar nicht. Und sie kennen den nationalen Mythos: Die Gründung Roms wurde von den Göttern, die sich unter anderem in Schicksalssprüchen äußern, prophezeit. Livius erzählt nun eine erstaunliche Geschichte und beginnt diese damit, dass er die Bedeutung Roms rühmt.

► **HINWEIS** In allen lateinischen Texten dieser Ausgabe sind indirekt wiedergegebene Reden *kursiv* gesetzt.

► **TIPP** Bearbeiten Sie Arbeitsauftrag 1 vor der Lektüre.

Livius, Ab urbe condita 1,4,1–9

1 Sed dēbēbātur, ut opīnor, fātīs
tantae orīgō urbis maximīque secundum deōrum opēs imperiī
prīncipium.
2 Vī compressa Vestālis cum geminum partum ēdidisset,
seu ita rata,
seu quia deus auctor culpae honestior erat,
Mārtem incertae stirpis patrem nuncupat.
3 Sed nec dī nec hominēs aut ipsam aut stirpem ā crūdēlitāte
rēgiā vindicant:
Sacerdōs vincta in cūstōdiam datur;
puerōs in prōfluentem aquam mittī iubet.
4 Forte quādam dīvīnitus super rīpās Tiberis effūsus lēnibus
stāgnīs
nec adīrī ūsquam ad iūstī cursum poterat amnis
et posse quamvīs languidā mergī aquā īnfantēs
spem ferentibus dabat.
5 Ita velut dēfūnctī rēgis imperiō
in proximā alluviē,
ubī nunc fīcus Rumīnālis est – Rōmulārem vocātam ferunt –,
puerōs expōnunt.
6 Vāstae tum in hīs locīs sōlitūdinēs erant.
Tenet fāma,
cum fluitantem alveum,
quō expositī erant puerī,
tenuis in siccō aqua dēstituisset,
lupam sitientem ex montibus, quī circā sunt,
ad puerīlem vāgītum cursum flexisse;
eam submissās īnfantibus adeō mītem praebuisse mammās,
ut linguā lambentem puerōs
magister rēgiī pecoris invēnerit
– Faustulō fuisse nōmen ferunt;
7 *ab eō ad stabula Lārentiae uxōrī ēducandōs datōs.*
Sunt, quī Lārentiam – volgātō corpore – lupam inter pāstōrēs
vocātam putent; *inde locum fābulae ac mīrāculō datum.*

2 **comprimere, -ō, -pressī, -pressum**: zusammendrücken, zu Boden drücken
partus, -ūs *m.*: die Geburt
nuncupāre, -ō: benennen, angeben
3 **prōflúere, prōfluō**: hervorfließen
4 **fors quaedam**: irgendein Zufall
dīvīnitus *Adv.*: durch göttliche Vorsehung
effundī, -or, -fūsus sum: sich (überall hin) ergießen
stāgnum, -ī *n.*: das stehende Gewässer, der See
usquam *Adv.*: irgendwo
quamvīs *bei Adjektiven*: noch so; beliebig
5 **dēfungī, -or, -fūnctus sum** + *Abl.*: erfüllen
alluviēs, alluviēī *f.*: die Wasserlache
fīcus, -ī *f.*: der Feigenbaum
Rōmulāris, -e: zu Romulus gehörig
ferunt: man sagt, sie sagen
6 **fluitāre, flúitō**: fließen, wogen
alveus, -ī *m.*: die Wanne
siccum, -ī *n.*: das Trockene
dēstitúere, dēstítuō, -stítuī, -stitūtum: verlassen
lupa, -ae *f.*: die Wölfin
sitīre, sítiō: dürsten, Durst haben
vāgītus, -ūs *m.*: das Geplärr, das Heulen
submittere, -ō, -mīsī, -missum: nach unten senken
mamma, -ae *f.*: die Brust
lambere, -ō: lecken
7 **stabulum, -ī** *n.*: der Stall
volgāre/vulgāre, -ō: allgemein zugänglich machen
mīrāculum, -ī *n.*: das Wunder

Beachten Sie die → Einleitung 6 SPR 3, S. 7 (Kurzstil ohne Formen von *esse*)
1 **imperiī prīncipium**: der Anfang der Herrschaft – 3 **ipsam**: *meint die Vestalin; Livius nennt den Namen Rea Silvia nicht.* – 5 **velut dēfūnctī rēgis imperiō**: als hätten sie den Auftrag des Königs erfüllt – **sunt, quī putent**: es gibt Leute, die glauben; manche glauben

8 Ita genitī ita-que ēducātī,
cum primum adolēvit aetas, nec in stabulīs nec ad pecora
sēgnēs vēnandō peragrāre saltūs.

9 Hinc rōbore corporibus animīsque sūmptō,
iam nōn ferās tantum subsistere, sed in latrōnēs praeda
onustōs impetūs facere
pāstōribusque rapta dīvidere et cum hīs – crēscente in diēs
grege iūvenum – sēria ac iocōs celebrāre.

8 **ita-que = et ita**
adolēscere, adolēscō, adolēvī: heranwachsen
9 **fera, -ae** *f.*: das wilde Tier
tantum: nur
subsistere, -ō: zum Stehen bringen
rapta, -ōrum *n. Pl.*: das Geraubte
in diēs: von Tag zu Tag
sērius, -a, -um: ernst

---

9 **corporibus animīsque**: *Abl. instr., im Dt. mit „in" wiederzugeben* – **sēria ac iocōs celebrāre**: häufig ernste Angelegenheiten betreiben und ebenso Scherze machen

LERNWORTSCHATZ

geminus, -a, -um	der Zwilling, Zwillings-
stirps, stirpis *f.*	die Wurzel, die Herkunft, der Abkömmling
crūdēlitās, crūdēlitātis *f.*	die Grausamkeit
vincīre, vinciō, vīnxī, vīnctum	fesseln, in Ketten legen
languidus, -a, -um	schlaff, träge
mergere, mergō, mersī, mersum	versenken, eintauchen
īnfāns, īnfantis *m./f. Adj./Subst.*	*Adj.* noch nicht sprechend; *Subst.* das Baby
sōlitūdō, sōlitūdinis *f.*	die Einöde, das menschenleere Gebiet
puerīlis, puerīle, *Gen.* **puerīlis**	kindlich, *als Gen.-Attr. übersetzt:* der Kinder
mītis, mīte, *Gen.* **mītis**	mild, sanft
magister, magistrī *m.*	der Anführer, der Meister, der Lehrer
ēducāre, ēducō, ēducāvī, ēducātum	erziehen; aufziehen
pāstor, pāstōris *m.*	der Hirte
gignere, gignō, genuī, genitum	zeugen, erzeugen, hervorbringen
sēgnis, sēgne, *Gen.* **sēgnis**	schwerfällig; langsam; untätig
vēnārī, vēnor, vēnātus sum	jagen
peragrāre, peragrō, peragrāvī, peragrātum	wandern, gehen, streifen durch
saltus, saltūs *m.*	das Gebirge, der Wald, das *hochgelegene* Tal
rōbur, rōboris *n.*	das Kernholz; die Kraft
latrō, latrōnis *m.*	der Räuber
onustus, -a, -um	beladen
grex, gregis *m.*	die Schar, die Herde
iocus, iocī *m.*	der Scherz, der Spaß
celebrāre, célebrō, celebrāvī, celebrātum	feiern; zahlreich besuchen

ARBEITSAUFTRÄGE ZUR TEXTERSCHLIESSUNG

► **TIPP** Beachten Sie die → Einleitung 6 SPR 3, S. 7 (Kurzstil ohne Formen von *esse* und Verweispronomina), hier z. B.: 5 *Rōmulārem vocātam ferunt* „man sagt, er sei Romulusbaum genannt worden" – 6 *(eī = magistrō) Faustulō fuisse nōmen ferunt* „man sagt, er habe den Namen Faustulus gehabt" – *inde locum fābulae ac mīrāculō datum* „daraus habe sich die Gelegenheit für eine Wundergeschichte ergeben".

1 Machen Sie sich mit folgenden Namen und Begriffen (→ Nvz) vertraut: *Vestālis, Mārs, Tiberis, Ruminālis, Faustulus, Lārentia, lupa*.

2 Erstellen Sie eine kolometrische Darstellung des Textes (→ S. 83–85). Oder:

3 **a** Gliedern Sie den Text unter Berücksichtigung der Zeitangaben, der Tempora und der Namen.
b Stellen Sie dabei alle Ausdrücke zu den Sachfeldern „Staat, Herrschaft", „Schicksalsbestimmung, Götter", „Kinder, Aufzucht, Ernährung", „Grausamkeit, Verbrechen, Strafe", „Ehrbarkeit, Unehrenhaftigkeit" zusammen.

ARBEITSAUFTRÄGE ZUR INTERPRETATION

4 Stellen Sie aus dem Text Informationen zur sozialen Herkunft des Romulus und des Remus zusammen.

5 Erläutern Sie, wie Livius durch Wortwahl und Satzgestaltung den Leser bei der Beurteilung des Brüderpaares lenkt.

6 Beschreiben Sie, welche Verbindung der Autor Livius zwischen der Sage und seiner eigenen Gegenwart herstellt. (→ Information 1).

7 Analysieren Sie anhand der Ausdrücke und der zeitlichen Gliederung, wie das zu Beginn angeschlagene Thema „Staat und Herrschaft" im Text weiter dargestellt und erweitert wird (aufbauend auf Arbeitsauftrag 3a+b).

8 Die Ernährung durch die Wölfin wird oft mit der Behauptung verbunden, das zeige den militärischen und kriegerischen Charakter der Römer. Erörtern Sie, ob sich diese Behauptung auf die Darstellung des Livius berufen kann. Berücksichtigen Sie die Informationen 2, 4 und 5.

9 **a** Analysieren Sie, wie Romulus direkt und indirekt charakterisiert wird. → Grundwissen 3.3, Nr. 4, S. 78.
b Erstellen Sie eine Charakterkurve zu Romulus. → Beispiel 1, S. 88

10 Wenn Sie Zugang zum Film „Romulus und Remus" (→ Information 3) haben: Betrachten Sie den Film und stellen Sie Szenen zusammen, die die Angaben des Livius a) eins zu eins illustrieren, b) kombinieren, c) so interpretieren, dass der Charakter des Romulus in gutem Licht erscheint.

11 **a** Beschreiben Sie Abb. 2. Berücksichtigen Sie Blicklinien, Beleuchtung und Farbgebung.
b Arbeiten Sie Parallelen und Unterschiede der Abbildung zu der Darstellung des Livius in Text 2 heraus und erörtern Sie Gründe für die Unterschiede.
c Arbeiten Sie heraus, wie detailliert Rubens (→ Information 5) Texte zu Romulus und Remus kannte, und analysieren Sie, welche zusätzlichen Aspekte der Romulus-Geschichte sein Gemälde (→ Abb. 2) vermittelt.

12 Legen Sie eine Sammlung zu den Leitfragen (→ S. 11) an, hier besonders zu L 1, 2, 4, 5, 6, 8.

Ciceros Definition eines Staatsvolks

INFORMATION 1

Im Jahr 53 v. Chr. hatte Marcus Tullius Cicero in seinem Werk *De re publica* („Staat", „Staatsverfassung") folgende Definition eines Staates und eines Staatsvolks formuliert: *Est igitur ... res publica res populi, populus autem non omnis hominum coetus quoquo modo congregatus, sed coetus multitudinis iuris consensu et utilitatis communione sociatus. Eius autem prima causa coeundi est non tam imbecillitas quam naturalis quaedam hominum quasi congregatio; non est enim singulare nec solivagum genus hoc ...* „Es ist also ... der Staat (*wörtl.* die Volkssache) die Sache des Volkes. Ein Volk aber ist nicht jede Zusammenkunft von Menschen, die auf irgendeine Weise als Herde zusammengeschart wurde, sondern die Zusammenkunft einer Menge, die durch gemeinsame Auffassung vom Recht und durch die Gemeinsamkeit des Nutzens zu einer Gesellschaft gemacht wurde. Ihr erster Grund zusammenzukommen ist aber nicht so sehr die Schwäche als vielmehr sozusagen eine Art natürlicher Herdentrieb der Menschen; unsere Art ist nämlich weder alleinlebend noch einzelgängerisch ..." (*De re publica* 1,39).

Parallelüberlieferung der Sage

INFORMATION 2

Die Geschichte von Rea Silvia und Romulus und Remus hat in der Antike im Wesentlichen zwei Versionen: Rea Silvia, die Tochter Numitors, ist Priesterin der Göttin Vesta in Alba Longa. Sie geht in den Hain des Mars, um von der Quelle Wasser zu holen. Aber sie schläft dort ein und Mars vergeht sich an ihr. Oder sie wird im Hain von einer Wölfin erschreckt und flüchtet in eine Höhle, wo Mars sie schwängert. In beiden Fällen bringt sie Romulus und Remus zur Welt.

In der Geschichte von Rea Silvia und Romulus und Remus spielen mehrere Tiere eine Rolle: die Wölfin als Tier des Gottes Mars, der sowohl Gott der Fruchtbarkeit als auch des Krieges ist; ferner der Specht und der Kiebitz, die um die kleinen Kinder herumfliegen, um sie zu beschützen, und beobachten, wie die Wölfin sie ernährt. Auch der Specht ist ein Tier des Mars. Der Kiebitz ist der Vesta heilig, also der Göttin, deren Priesterin Rea Silvia ist. Der Name *Rea Silvia* bedeutet zunächst, dass die Frau aus dem königlichen Familiengeschlecht der *Silvii* stammt. Später wurde die Schreibweise *Rhea* verwendet, weil sie griechisch klingt.

Nachleben der Sage

INFORMATION 3

Die Sage von Romulus und Remus ist weltbekannt und wird immer wieder in der bildenden Kunst, in Texten und Filmen behandelt.

- **Literatur**: Jürgen von UNGERN-STERNBERG: Romulus – Versuche, mit einem Stadtgründer Staat zu machen. In: Karl-Joachim HÖLKESKAMP / Elke STEIN-HÖLKESKAMP (Hrsg.): Von Romulus zu Augustus. Große Gestalten der römischen Republik. München 2000. S. 37–47.
- **Film**: *Romulus und Remus (Romolo e Remo).* Titel oft auch: *Duell der Titanen*, Italien 1961. Regie: Sergio Corbucci.
- **Kunst**: z. B. → Abb. 2; im Internet sind unter „Romulus und Remus" viele weitere Werke zu finden.

Kindesaussetzung und Kinderaufzucht durch Tiere

INFORMATION 4

Viele Texte schildern die Aussetzung von Kindern, die ohne das Eingreifen von Tieren gerettet werden, z. B. das Alte Testament (Moses) und Grimms Märchen (Schneewittchen).

Immer wieder gibt es Fälle von Kindern, die tatsächlich oder angeblich von Tieren aufgezogen wurden. Forscher sehen in solchen Kindern ein Forschungsobjekt, durch dessen Beobachtung sie herausbekommen wollen, was den Menschen zum Menschen macht und wodurch er sich vom Tier unterscheidet.

Öfter wird beschrieben, dass Menschen bei Wölfen aufwachsen. Dass Wölfe besonders soziale Tiere und fürsorgliche Eltern sind, steht in der

Tierforschung und Verhaltensforschung fest. In der römischen Religion und Mythologie sind Wölfe dem Gott Mars heilig.
Der griechische Mythos erzählt: Kronos, der Vater des Zeus, fraß alle Kinder seiner Frau auf (die ebenfalls Rhea hieß). Er wollte so eine mögliche Konkurrenz für seine Herrschaft auszuschalten. Als seine Frau Zeus gebar, gab sie Kronos nicht das Neugeborene, sondern einen Stein, den sie in ein Tuch eingewickelt hatte. Den kleinen Zeus ließ sie von der Ziege Amalthea aufziehen. Groß geworden kämpfte er gegen Kronos und übernahm die Macht im Olymp.

Peter Paul Rubens

INFORMATION 5

Peter Paul Rubens (1577–1640) besuchte in Antwerpen die Lateinschule von Rumoldus Verdonck (1541–1620). Er lernte dort lateinische Konversation und auch etwas Griechisch. Rubens wurde durch die Schule mit Personen der Machtelite bekannt und erwarb die Fähigkeit, ebenso wie sie Latein zu sprechen und lateinische Texte zu lesen. Er gehörte damit auch zur geistigen Elite.
Nils BÜTTNER: Herr P. P. Rubens. Von der Kunst, berühmt zu werden, Göttingen 2006.

Abb. 2: Peter Paul Rubens (1577–1640): Faustulus findet Romulus und Remus bei der Wölfin (ca. 1615). Der Naturgott Faunus (→ Nvz) und eine Nymphe schauen zu. Vögel: Kiebitze und Spechte (→ Information 5; Nvz unter Mārs). Rom, Musei Capitolini

In Kap. 5 schildert Livius: Um Romulus und Remus bildet sich eine Gruppe wilder junger Männer, die ihr Leben mit Jagd und Beutezügen bestreiten. Bei einem Fest werden sie von Räubern überfallen. Remus wird entführt und dem König Amulius übergeben. Dieser überlässt das Gericht und das Urteil seinem Bruder Numitor. Da Remus dessen Land öfters überfallen hat, verurteilt er ihn zum Tode. Da meldet sich der Hirt Faustulus und teilt seine Vermutung mit, Romulus und Remus könnten aus der königlichen Familie stammen, denn er hat die Zwillinge gefunden, kurz nachdem Zwillinge aus dem Palast verschwunden waren. Numitor selbst merkt ebenfalls, dass Remus ein Königssohn sein könnte, und sucht nun nach dessen Zwillingsbruder, der seine Macht erst recht bedrohen würde. – **Kap. 6**: Romulus und Remus töten Amulius. Die Latiner haben nun keinen Herrscher. Darauf nutzt Numitor die Gelegenheit, die Herrschaft über die Albaner in Alba Longa zurückzuerobern. Romulus und Remus wollen nun eine Stadt gründen, die den Staat der Latiner und der Albaner an Größe übertrifft. Sie wählen als Stelle „die Gegend, in der sie ausgesetzt und wo sie aufgezogen worden waren" (§ 6). Es folgt der bekannte Streit zwischen Romulus und Remus, wer Herrscher der neuen Stadt sein solle. Die beiden beschließen, ein Vogelzeichen entscheiden zu lassen. – **Kap. 7**: Remus sieht auf dem Berg Aventin sechs Geier. Romulus sieht auf dem Berg Palatin zwölf Geier, allerdings etwas später als Remus sein Vogelzeichen gesehen hat. Die Gruppen um die beiden geraten in Streit und Romulus erschlägt Remus. Livius erzählt auch die Geschichte, dass Remus seinen Bruder habe verspotten wollen und deswegen über die scheinbar kleine Mauer sprang, die Romulus gerade gebaut hatte. Aber Livius bezeichnet dies ausdrücklich als Gerücht (*fāma*, *a.u.c.* 1,7,2). – **Kap. 8a**: Livius schildert zunächst, wie sich Romulus mit Machtinsignien ausstattet (*a.u.c.* 1,8,1–3). Er schreibt u.a.: „1. Er richtete den religiösen Götterkult in herkömmlicher Weise ein. Und dann rief er die Menge zu einer Versammlung – eine Menge, die durch nichts anderes zum Körper eines einzigen Volkes zusammenwachsen konnte außer durch Gesetze – und gab ihnen rechtliche Bestimmungen. 2. Er war der Ansicht, dass diese Rechtsbestimmungen dem bäuerlichen Menschenschlag nur dann heilig sein werden, wenn er sich selbst durch äußere Zeichen seiner Herrschaft verehrungswürdig machte. Daher machte er sich überhaupt im ganzen Auftreten erhabener, ganz besonders aber dadurch, dass er zwölf Liktoren zu seiner Begleitung machte."
Anschließend schildert Livius den Aufbau Roms und die Vergrößerung seiner Einwohnerzahl:

Livius, Ab urbe condita 1,8,4–7

4 Crēscēbat interim urbs mūnītiōnibus alia atque alia appetendō loca, cum in spem magis futūrae multitūdinis quam ad id, quod tum hominum erat, mūnīrent.

[4] **in spem** + *Gen.*: zur Hoffnung auf
quod hominum erat: was es (an) Menschen gab

5 Deinde nē vāna urbis magnitūdō esset, adiciendae multitūdinis causā – vetere cōnsiliō condentium urbēs, quī obscūram atque humilem conciendō ad sē multitūdinem nātam ē terrā sibī prōlem ēmentiēbantur, – locum, qui nunc saeptus dēscendentibus inter duōs lūcōs est, asȳlum aperit.

Dann wollte er, dass die Größe der Stadt nicht umsonst ist, und um eine Menge hinzuzufügen, – nach dem seit alters bewährten Plan von Stadtgründern, die eine obskure und niedrige Menge an sich heran bringen und dann für sich als Nachkommenschaft, geboren aus dem eigenen Land, fälschlich ausgeben, – öffnet er den Ort, der jetzt eingezäunt dort beim Heruntergehen zwischen den zwei Hainen liegt, als Asylstätte.

6 Eō ex fīnitimīs populīs turba omnis sine discrīmine, līber an servus esset, avida novārum rērum perfūgit, idque prīmum ad coeptam magnitūdinem rōboris fuit.

7 Cum iam vīrium haud paenitēret, cōnsilium deinde vīribus parat. Centum creat senātōrēs, sīve quia is numerus satis erat, sīve quia sōlī centum erant, qui creārī patrēs possent. Patrēs certē ab honōre patriciīque prōgeniēs eōrum appellātī.

[6] **esse ad** + *Akk.*: dienen zu
[7] **paenitet** + *Gen.*: man bereut etwas, man empfindet Reue über etw.
cōnsilium, -ī *n.*: die Überlegung, die Planung
prōgeniēs, -ēī *f.*: die Nachkommenschaft

LERNWORTSCHATZ

futūrus, -a, -um	zukünftig
vānus, -a, -um	inhaltslos, leer, vergeblich
prōlēs, prōlis *f.*	die Nachkommenschaft
lūcus, lūcī *m.*	der Hain, der Wald, die Waldlichtung
discrīmen, discrīminis *n.*	die Unterscheidung, der Unterschied
avidus, -a, -um + *Gen.*	begierig nach
perfugere, perfugiō, perfūgī, perfugitum	überlaufen zu, seine Zuflucht nehmen bei
rōbur, rōboris *n.*	die Kraft, die Stärke; das Kernholz
mē alicuius reī paenitet, paenitu it *(Akk. der Person und Gen. der Sache)*	ich bereue etwas
creāre, creō, creāvī, creātum	jdn. wählen zu
patricius, patriciī *m.* / **patricius, -a, -um**	*Subst.* der Patrizier, *Adj.* patrizisch (*von den ersten Familienvätern abstammend, die mit Romulus das Urrom aufbauten und regierten*)

ARBEITSAUFTRÄGE ZUR TEXTERSCHLIESSUNG

1 **a** Machen Sie sich mit den in → SPR 3, Punkte 1–5 (→ S. 7–8) dargestellten sprachlichen Erscheinungen vertraut.
b Lesen Sie den Text und stellen Sie dabei Ausdrücke zu folgenden Sachfeldern zusammen: 1. Stadt, Bauen – 2. Wachsen, Bevölkerung, Zuwanderer – 3. Staatliche Institutionen, staatliche Organisation, soziale Schichten.

2 Erarbeiten Sie eine kolometrische Darstellung zu §§ 5–7 (→ S. 83–85).

ARBEITSAUFTRÄGE ZUR INTERPRETATION

3 Gliedern Sie beim Lesen den Text anhand der Zeitadverbien und der verwendeten Tempora und charakterisieren Sie die jeweilige Art der einzelnen Sätze mit sprachlichen Begründungen und Erläuterungen (z. B. lang, kurz, zielgerichtet, unklar, nachdenklich).

4 Stellen Sie aus dem Text alle Ausdrücke und Informationen zum Wachstum der Stadt und zu dessen Gründen zusammen.

5 Stellen Sie alle Informationen aus dem Text zu römischen Ämtern und Institutionen zusammen.

6 Weisen Sie nach, welche Informationen
a aus der Sicht des Livius und seiner Zeit formuliert sind (sozusagen *ex ēventū* „nach dem Ende oder Ergebnis eines Vorgangs");
b dem Nachweis der Führungsstärke und Klugheit des Romulus dienen;
c dem Nachweis einer Art demokratischer Legitimation der Führung des Romulus dienen (→ Information 4);

d dem Nachweis einer Art göttlicher Legitimation der Führung des Romulus dienen (→ Information 4).

7 a Beurteilen Sie die Begründungen, die Livius in den §§ 4–6 für das Wachsen einer Stadt gibt.
b Vergleichen Sie sie mit heutigen Argumentationen für das Wachstum einer Stadt und für die Aufnahme von Asylsuchenden.

8 Arbeiten Sie die gegensätzlichen Standpunkte Ciceros (→ Information 3) und des Livius heraus. Berücksichtigen Sie dabei, von welcher Art Asylsuchenden die Autoren sprechen.

9 a Veranstalten Sie ein Streitgespräch zwischen Livius und Cicero: „Asylsuchende aufnehmen oder nicht?“ Oder:
b Diskutieren Sie untereinander: „Asylsuchende aufnehmen oder nicht? Livius und Cicero als Vorbilder oder abschreckende Beispiele?“ (→ Informationen 2 und 3)

10 Setzen Sie Ihre Sammlung zu den Leitfragen (S. 11) fort, hier insbesondere zu L 1, 2, 3, 4.

Liktor

INFORMATION 1

līctor, -ōris *m.*: aus einfacher Volksschicht stammender öffentlicher Diener eines Alleinherrschers (Königs) oder später eines hohen römischen Beamten. Meist waren es Freigelassene (*lībertī*). In republikanischer Zeit hatte ein *dictātor* (Alleinherrscher für ein halbes Jahr) 24, ein Konsul zwölf, ein Prätor sechs Liktoren. Die Liktoren trugen Rutenbündel (*fascēs*, *virgae*) auf der linken Schulter, aus deren Mitte ein Beil (*secūris*) nach oben herausragte. Sie gingen einzeln vor dem Amtsträger her, waren seine Bodyguards und schufen ihm Platz in der Menge. Aber sie führten auch auf Anweisung des Amtsträgers die von ihm angeordneten Strafen aus (Auspeitschen mit den Ruten, Aufhängen, Enthaupten). Innerhalb der Stadt Rom trugen die Liktoren gewöhnlich nur das Rutenbündel, bei Einsätzen außerhalb der Stadt steckten sie das Beil an das Rutenbündel.

Im 20. Jahrhundert verwendeten die politische Bewegung des Faschismus sowie einige Staaten das Rutenbündel mit Beil zum Ausdruck der Staatsmacht: Es taucht im Staatswappen Frankreichs, im Wappen des Schweizer Kantons St. Gallen und im Siegel der Vereinigten Staaten von Amerika auf. Warum sich die diktatorische Bewegung des Faschismus, ursprünglich der italienische *fascismo* unter dem Diktator Benito Mussolini, nach den *fascēs* benannte, ist nicht ganz geklärt.

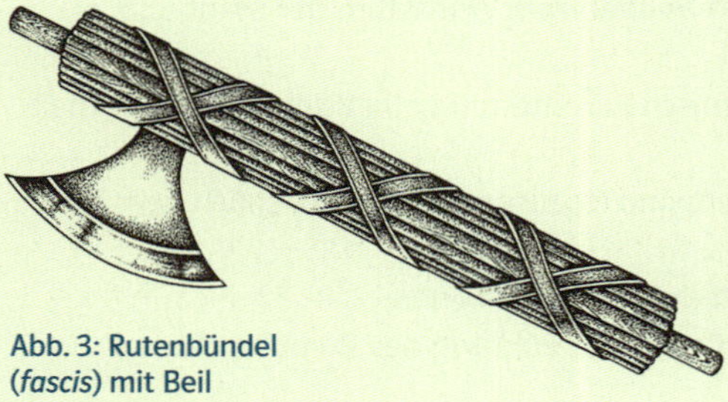

Abb. 3: Rutenbündel (*fascis*) mit Beil

Abb. 4: Relief eines Liktors mit Rutenbündel. Benevento, Museo Del Sannio

Asylsuchende in der Antike

INFORMATION 2

Antike Texte erwähnen immer wieder das Schicksal von Menschen, die ihre Heimat verlassen müssen, zeigen unterschiedliche Gründe dafür und schildern unterschiedliche Arten der Aufnahme in anderen Ländern. Berühmtestes Beispiel ist Aeneas, der nach Darstellung Vergils in seinem Epos *Aeneis* auf Geheiß der Götter aus dem brennenden Troja flieht. In dem Gebiet des in Bau befindlichen Karthago wird er freundlich von Königin Dido aufgenommen, die ein ähnliches Flüchtlingsschicksal hatte und sich sogar in Aeneas verliebt (Vergil, *Aeneis* 1,657–756; 4,1–172).

Der König des Nachbarlands, Iarbas, fühlt sich von Dido abgewiesen und verhöhnt Aeneas als weichlichen Phryger; die Phryger trugen stattliche Gewänder und auch Mützen oder Kappen.
Dasselbe passiert Aeneas später in Italien erneut: König Latinus will ihn zum Mann seiner Tochter machen. Aber die Frau des Latinus intrigiert gegen ihren Mann und gegen Aeneas und unterstützt den Rutuler Turnus, der in Aeneas einen nichtsnutzigen Ausländer sieht (Vergil, *Aeneis*, Bücher 8–12).

Abb. 5: Aeneas und sein Sohn Ascanius (Iulus) erreichen nach ihrem langen Fluchtweg Latium. Aeneas lässt sich an einer Stelle nieder, wo er ein Schwein mit Frischlingen sieht. Es war ihm mehrfach geweissagt worden, dass er an dieser Stelle eine neue Stadt gründen solle. Römisches Relief, 2. Jh. n. Chr., British Museum, London

Ciceros Rat zum Umgang mit Asylsuchenden

INFORMATION 3

Cicero schreibt 46 v. Chr. in seinem Werk *De officiis* („Die Pflichten" eines jungen Aristokraten) 3,46–3,47: „Der menschlichen Natur, der wir folgen müssen, ist die Grausamkeit der größte Gegner. Schlecht handelt auch, wer Ausländer daran hindert, unsere Städte zu nutzen, und sie aus unserem Gebiet treibt ... Denn es ist zwar richtig, dass es nicht erlaubt ist, dass jemand, der kein Bürger (*mit Bürgerrecht*) ist, als Bürger gilt ... Aber an der Nutzung der Stadt zu hindern, das ist durchaus unmenschlich."
Später kritisiert z. B. der Satiriker Iuvenal (Anfang des 2. Jhs. n. Chr.) die Überschwemmung Roms mit Ausländern (*Satire* 3) und scheint an der Änderung der ethnischen Zusammensetzung Roms keinen Gefallen zu finden. Kaiser Caracalla gibt dann im Jahr 222 n. Chr. allen Bewohnern des Imperium Romanum das Römische Bürgerrecht.

Legitimation der Herrschaft

INFORMATION 4

Grundsätzlich gibt es in der geschichtlichen Entwicklung drei Arten der Legitimation von Herrschaft und Herrscher:
1. Göttlicher Auftrag oder göttliche Abstammung.
2. Abstammung von einem Herrscher.
3. Zustimmung des gesamten Volkes (demokratische Wahl) oder einflussreicher Wahlgremien (aus verschiedenen Ständen).

4 Raub der Sabinerinnen

Die Stadt hat nun viele Einwohner. Die meisten sind Männer, es fehlen Frauen und Kinder.

► **TIPP** Bearbeiten Sie Arbeitsauftrag 1 vor der Lektüre.

Livius, Ab urbe condita 1,9,1–1,10,1

9,1 Iam rēs Rōmāna adeō erat valida, ut cuilibet fīnitimārum cīvitātum bellō par esset.
Sed penūriā mulierum hominis aetātem dūrātūra magnitūdō erat,
quippe quibus nec domī spēs prōlis nec cum fīnitimīs cōnūbia essent.
2 Tum ex cōnsiliō patrum Rōmulus lēgātōs circa vicīnās gentēs mīsit,
quī societātem cōnūbiumque novō populō peterent:
3 *urbēs quoque – ut cētera – ex īnfimō nāscī;*
dein, quās sua virtūs ac dī iuvent, magnās opēs sibī magnumque nōmen facere.
4 *Satis scīre, orīginī Rōmānae et deōs adfuisse et nōn dēfutūram virtūtem;*
proinde nē gravārentur, hominēs, cum hominibus sanguinem ac genus miscēre.
5 Nusquam benignē lēgātiō audīta est.
Adeō simul spernēbant, simul tantam in mediō crēscentem mōlem sibī ac posterīs suīs metuēbant.
Ac plērīsque rogitantibus dīmissī, ecquod fēminīs quoque asȳlum aperuissent;
id enim dēmum compār cōnūbium fore.
6 Aegrē id Rōmāna pūbēs passa
et haud dubiē ad vim spectāre rēs coepit.
Cuī tempus locumque aptum ut daret,
Rōmulus
aegritūdinem animī dissimulāns
lūdōs ex industriā parat Neptūnō equestrī sollemnēs;
Cōnsuālia vocat.
7 Indīcī deinde fīnitimīs spectāculum
iubet.
Quantōque apparātū tum sciēbant aut poterant, concelebrant,
ut rem clāram exspectātamque facerent.

9,1 **rēs**: die Sache = der Staat, die Macht
cuilibet *Dat.*: jedem Beliebigen
bellō pār: im Krieg gleichwertig, im Krieg gewachsen
pēnūriā, -ae *f.*: der Mangel
hominis aetātem: (nur) ein Menschenleben lang
dūrātūra erat: drohte zu dauern, dauerte möglicherweise
quippe quibus: denen ja; denn ihnen
2 **ex cōnsiliō**: auf den Rat … hin
circā + *Akk.*: ringsum bei
3 **cētera, -ōrum** *n. Pl.*: alles Übrige
ex īnfimō: von ganz unten
sibī … facere: sich verschaffen
sua: gerade ihre eigene
4 **satis scīre**: genau wissen
gravārī, -or: Anstoß daran nehmen …
5 **benignē** *Adv.*: wohlwollend
rogitāre, -ō: immer wieder fragen
ecquod *Akk.*: ob irgendein
asȳlum, -ī *n.*: das Asyl
compār, cómparis: gleich, ebenbürtig
6 **pūbēs, -is** *f.*: *Kollektivbegriff:* die jungen Männer
haud dubiē *Adv.*: ohne Zweifel
ad vim spectāre: in Gewalttätigkeit ausarten
aegritūdō (-inis *f.***) animī**: der Ärger
ex industriā: mit Bedacht
7 **concelebrāre, -ō**: ausgiebig feiern
exspectātus: willkommen

3 **quās**: *gemeint:* eās urbēs, quās – 4 **nē gravārentur**: *Wunschsatz in der indirekten Rede* – 5 **dīmissī (sunt)**: *trennt* rogitantibus *von dem davon abhängigen Objektsatz* ecquod …, *freie Übersetzung*: von den meisten wurden sie mit der wiederholten Frage weggeschickt, ob denn … – 6 **cui**: *greift* rēs *auf* – 7 **quantō apparātū**: *gemeint:* tantō apparātū, quō; *Einbeziehung des Bezugsworts in den Relativsatz*

8 Multī mortālēs convēnēre,
studiō etiam videndae novae urbis,
maximē proximī quīque, Caenīnēnses, Crustumīnī, Antemnātēs.

9 Iam Sabīnōrum omnis multitūdō cum līberīs ac coniugibus vēnit.
Invītātī hospitāliter per domōs, cum situm moeniaque et frequentem tēctīs urbem vīdissent,
mīrantur tam brevī rem Rōmānam crēvisse.

10 Ubī spectāculī tempus vēnit
dēditaeque eō mentēs cum oculīs erant,
tum ex compositō orta vīs sīgnōque datō iuventūs Rōmāna ad rapiendās virginēs discurrit.

11 Magna pars – forte in quem quaeque inciderat – raptae.
Quāsdam fōrmā excellentēs, prīmōribus patrum dēstinātās,
ex plēbe hominēs, quibus datum negōtium erat, domōs dēferēbant.

12 Ūnam longē ante aliās speciē ac pulchritūdine īnsīgnem ā globō Thalassī cuiusdam raptam ferunt
multīsque scīscitantibus, cuinam eam ferrent,
identidem, nē quis violāret, Thalassiō ferrī clāmitātum.
Inde nūptiālem hanc vōcem factam.

13 Turbātō per metum ludicrō
maestī parentēs virginum prōfugiunt,
incūsantēs violātī hospitiī foedus deumque invocantēs,
cuius ad sollemne lūdōsque per fās ac fidem dēceptī vēnissent.

14 Nec raptīs aut spēs dē sē melior aut indignātiō est minor.
Sed ipse Rōmulus circumībat docēbatque patrum id superbiā factum, quī cōnūbium fīnitimīs negāssent.
Illās tamen in mātrimoniō, in societāte fortūnārum omnium cīvitātisque et, quō nihil cārius hūmānō generī sit, līberum fore.

---

8 **convēnēre**, 12 **raptam, factam, ferrī, clāmitātum** → Einleitung 6 SPR 3, S. 7 (Perfektformen, Wegfall von *esse* und Pronomina im A.c.i.) - 10 **eō**: dorthin, *meint* spectāculum - 11 **forte in quem quaeque inciderat**: an wen eine (Frau) gerade geraten war - **raptae (sunt)**: *Plural, weil das singularische Wort* pars *mehrere Personen meint* (*cōnstrūctiō ad sēnsum*) - **domōs**: *Akk. des Ziels:* in die Häuser, zu den Häusern - 12 **Thalassī cuiusdam**: eines Mannes namens Thalassius, *der ansonsten unbekannt ist*

8 **mortālēs, -ium** *m. Pl.*: die Sterblichen, die Menschen, *die dem Tod unterworfen sind*
proximī quīque: gerade die nächsten Nachbarn
9 **hospitāliter** *Adv.*: gast(freund)lich
per domōs: überall in den Häusern, in allen Häusern
frequēns tēctīs: häuserreich
tam brevī: in so kurzer Zeit
10 **ex compositō**: wie geplant
sīgnum dare, dō, dedī, datum: ein Zeichen geben
discurrere, -ō, -currī ad: in alle Richtungen laufen, um zu
11 **fōrmā excellere, -ō**: an/durch Schönheit herausragen
prīmōrēs, -um *m. Pl.*: die Führenden
ex plēbe hominēs: (die) Menschen aus der Plebs
negōtium dare, dō, dedī, datum: die Aufgabe geben
12 **globus, -ī** *m.*: die Schar
scīscitārī, -or: wissen wollen
cuinam: wem denn
identidem *Adv.*: immer wieder
nē quis: damit nicht jemand
clāmitāre, -ō: laut / immer wieder rufen
nūptiālis vōx, nūptiālis vōcis *f.*: der Hochzeitsruf
13 **lūdicrum, -ī** *n.*: das Schauspiel
incūsāre, incūsō + *Gen.*: anklagen wegen
invocāre, ínvocō: anrufen
per fās ac fidem: durch (*falsche*) Berufung auf göttliches Recht und gegenseitige Verlässlichkeit
sollemne, -is *n.*: die Feier
14 **dē sē**: für ihre Person
indignātiō, -ōnis *f.*: die Empörung
hūmānum genus, hūmānī generis *n.*: das Menschengeschlecht
līberum = līberōrum: *Gen.-Attr. zu* societāte

15 *Mollīrent modo īrās et,*
quibus fors corpora dedisset,
darent animōs.
Saepe ex iniūriā postmodum grātiam ortam;
eōque meliōribus ūsūrās virīs,
quod adnīsūrus prō sē quisque sit,
ut,
cum suam vicem fūnctus officiō sit,
parentium etiam patriaeque expleat dēsiderium.
16 Accēdēbant blanditiae virōrum,
factum pūrgantium cupiditāte atque amōre;
quae maximē ad muliebre ingenium efficācēs precēs sunt.
10,1 Iam admodum mītigātī animī raptīs erant.
At raptārum parentēs tum maximē sordidā veste lacrimīsque
et querellīs cīvitātēs concitābant.
Nec domī tantum indignātiōnēs continēbant,
sed congregābantur undique ad Titum Tatium rēgem
Sabīnōrum, et lēgātiōnēs eō, quod maximum Tatī nōmen in
iīs regiōnibus erat, conveniēbant.

15 **īrae** *f. Pl.*: die Zornesanfälle
postmodum *Adv.*: danach
grātia, -ae *f.*: das gute Verhältnis
eō ..., quod: deswegen, wei
adnītī, -or, -nīsus sum: sich anstrengen
prō sē: im eigenen Interesse
suam vicem: für seinen Teil
officiō fungī, -or, fūnctus sum: seine Pflicht erfüllen
explēre, éxpleō: erfüllen
dēsiderium, -ī *n.*: der Wunsch
16 **ad** *+ Akk.*: in Richtung auf, fü-
efficāx, efficācis: wirkungsvoll

10,1 **mītigāre, -ō**: besänftigen
mihī est/sunt: ich habe
continēre, contíneō: einschränken auf
congregārī, cóngregor: sich versammeln

10,1 **nōmen Tātī** → Einleitung 6 SPR 3, S. 8 (Genitivverwendung)
15 **quō**: *Abl. comparationis, meint* līberum fore *und ist von* cārior *abhängig; am besten als einen Satz in Parenthese (Einschub in Gedankenstrichen) übersetzen* – 15 **mollīrent** ...: *Wunschsatz in der indirekten Rede* – 16 **quae precēs**: *relativ(isch)er Anschluss*: Bitten, die – 10,1 **sordidā veste**: in schmutziger Kleidung (*Zeichen der Trauer*) – **cīvitātēs**: *die Nachbarvölker der Sabiner* – **indignātiōnēs**: *Plural, weil viele ihre Empörung immer wieder zeigen*

LERNWORTSCHATZ

prōlēs, prōlis *f.*	die Nachkommenschaft
cōnūbium, cōnūbiī *n.*	die Ehe, das Recht auf Eheschließung
vīcīnus, -a, -um	benachbart
spernere, spernō, sprēvī, sprētum	verachten
fore *Infinitiv Futur zu* **esse**	sein werden; sich ereignen
dissimulāre, dissímulō, dissimulāvī, dissimulātum	verheimlichen, verbergen; so tun als ob
indīcere, indīcō, indīxī, indictum	ansagen, ankündigen
spectāculum, spectāculī *n.*	das Schauspiel, die Show
apparātus, apparātūs *m.*	der Aufwand
invītāre, invītō, invītāvī, invītātum	einladen
situs, sitūs *m.*	die Lage
dēstināre, dēstinō, dēstināvī, dēstinātum *+ Dat.*	bestimmen, vorsehen für
pulchritūdō, pulchritūdinis *f.*	die Schönheit
maestus, -a, -um	betrübt, traurig
prōfugere, prōfugiō, prōfūgī, prōfugitum	weglaufen, fliehen
incūsāre, incūsō, incūsāvī, incūsātum *+ Akk.*	sich beschweren, beschuldigen
dēcipere, dēcipiō, dēcēpī, dēceptum	täuschen
circumīre, circúmeō, circúmiī, circúmitum	umhergehen

mātrimonium, mātrimoniī *n.*	die Ehe
mollīre, mólliō, mollīvī, mollītum	weich machen, besänftigen
fors, fortis *f.*	der Zufall, das Schicksal
blanditia, blanditiae *f.*	die Schmeichelei
pūrgāre, pūrgō, pūrgāvī, pūrgātum	rechtfertigen; reinigen
mulíebris, mulíebre, *Gen.* **mulíebris**	weiblich
sordidus, -a, -um	schmutzig, ungepflegt
querella, -ae / querēla, -ae *f.*	die Klage
concitāre, cóncitō, concitāvī, concitātum	aufwiegeln, in Unruhe versetzen, aufbringen

ARBEITSAUFTRÄGE ZUR TEXTERSCHLIESSUNG

1 **a** Machen Sie sich mit → SPR 2, Punkte 1–3 und SPR 3, Punkte 1–3 (S. 7), vertraut.

► **TIPP** Auslassung von Formen von *esse* in diesem Text: 5 *dīmissī* = *dīmissī sunt* „sie wurden weggeschickt" – *passa* = *passa est* „ertrug" – 10 *orta* = *orta est* „entstand" – 11 *raptae* = *raptae sunt* „wurde(n) geraubt" – 12 *raptam* = *raptam esse* „sei geraubt worden" – *clāmitātum* = *clāmitātum esse* „sei immer wieder gerufen worden" – *factam* = *factam esse* „sei (gemacht) worden" – 14 *factum* = *factum esse* „sei geschehen" – 15 *ortam* = *ortam esse* „sei entstanden" – *ūsūrās* = *ūsūrās esse* „sie würden Genuss haben an".

b Machen Sie sich mit → Stilmittel, Nr. 6, 7, 8, 9, 10, S. 89 und → Grundwissen 3.3, 1, 4 und 5, S. 78 vertraut.

2 Stellen Sie aus dem Text Ausdrücke zu den folgenden Sachfeldern zusammen:
a) Gesellschaft, Volk, Größe des Volkes – b) Gewalt, Aggression, Affekte – c) Verstand, Planung, Absicht – d) Schauspiel – e) Schönheit

3 **a** Gliedern Sie im Verlauf der Lektüre die einzelnen Sätze des Textes. → Beispiel S. 85, Darstellungsmöglichkeit 3.
b Geben Sie den Inhalt der einzelnen Satzabschnitte möglichst textnah (ohne Auslassung von Wörtern) wieder.

ARBEITSAUFTRÄGE ZUR INTERPRETATION

4 **a** Gliedern Sie den gesamten Text.
b Erläutern Sie dabei den Ablauf des Textes anhand der zeitlichen Gliederung durch Tempora, Zeitadverbien, Temporalsätze.
c Erläutern Sie die Entwicklung der Sachfelder, indem Sie die Bedeutungsnuancen von Ausdrücken mit ähnlicher Bedeutung definieren (z. B. *valida … bellō par … hominis aetātem dūrātūra …, a.u.c.* 1,9,1). Berücksichtigen Sie dabei → Stilmittel, Nr. 8, S. 89.

5 Vergleichen Sie die Informationen 1–3 mit dem Text des Livius.
a Arbeiten Sie heraus, ob es sich in den Informationen um Raub oder um etwas anderes handelt.
b Arbeiten Sie die Unterschiede der Textdarstellung zu den in den Informationen 1–3 genannten Bräuchen und Erzählungen heraus.

6 Stellen Sie stilistische Mittel im Text zusammen und weisen Sie deren Wirkung nach.

7 Vergleichen Sie den Text mit Abb. 6. Arbeiten Sie heraus, welche Informationen der Abbildung von denen des Texts abweichen oder den Text verdeutlichen oder neu verstehen lassen.

8 Vergleichen Sie den Text mit einem der in Information 4–5 genannten Filme oder Theaterstücke.

9 Setzen Sie Ihre Arbeit an den Leitfragen (→ S. 11) fort, hier insbesondere zu L 1–6 und 8.

Semantik von *rapere* und Fehlinterpretationen

INFORMATION 1

rapere meint „rauben“, *violāre* meint „jdm. Gewalt antun“, auch „jdn. vergewaltigen“. Andere lateinische Bezeichnungen für „vergewaltigen“ können die Sache umschreiben: *vim inferre alicui* „jdm. Gewalt antun“, *inhonestē facere* „gegen jds. Ehre verstoßen, ehrverletzend handeln“, *stuprum facere* „Unzucht treiben“.
Gemälde aus Italien tragen oft den Titel *Il ratto delle vergini* oder *Il ratto delle Sabine* („Der Raub der Jungfrauen“, „Der Raub der Sabinerinnen“). Dies wurde oft falsch ins Englische übertragen und nicht mit *The kidnapping* oder *The abduction of the Sabinian Women* übersetzt, sondern so: *The Rape of the Virgins, The Rape of the Sabinian women.*

Frauenraub als Brauchtum

INFORMATION 2

Manche Länder oder Orte pflegen noch heute die Sitte des (angedeuteten) Frauenraubs. Der Brauch geht darauf zurück, dass in agrarischen Gesellschaften Inzucht mit schlechten genetischen Folgen vermieden werden sollte und daher eine Verpflichtung bestand, keinen Partner aus demselben Dorf zu heiraten (sog. Exogamie, „Heirat nach draußen“). Meist verabredeten die Väter von Braut und Bräutigam die Heirat und den angedeuteten Frauenraub. Der Entführer zeigte dann beim „Raub“ seine Männlichkeit und seinen Willen, die Entführte zu heiraten. Führte ein Frauenraub nicht zur Heirat, gab es Racheaktionen der Familie der Braut.

Frauenraub in Geschichte und Mythos

INFORMATION 3

Die griechische und jüdische Antike kennen viele Beispiele des Frauenraubs.
Auf der Hochzeit des Peirithoos machen sich Lapithen und Kentauren an die anwesenden Göttinnen heran. Zeus bestraft sie mit Verbannung in die Unterwelt und sie stürzen vom Olymp herunter. Auf dem Parthenonfries ist dies dargestellt. – Zeus seinerseits entführt Europa. Als Gott hat er keine Strafe zu fürchten. Er schwimmt in Gestalt eines Stieres mit Europa übers Meer und geht mir ihr auf Kreta an Land. Es kommt zur ersten Vereinigung, an die noch heute an einem Gedenkort auf Kreta erinnert wird. – Aphrodite verspricht Paris die schönste Frau der Welt, damit sie in einem Schönheitwettbewerb zwischen ihr, Hera und Athene als Gegenleistung von ihm die Auszeichnung als „die Schönste“ erhält. Ihr Sieg hat zur Folge, dass Paris Helena aus Sparta entführt und die Griechen gegen Troja im berühmten „Trojanischen Krieg“ zu Feld ziehen. – Die sehr grausame Geschichte vom Frauenraub von Schilo steht im Alten Testament, Buch der Richter, Anhang Kap. 21: Als die Stämme Israels mit einem ihrer Stämme, den Benjaminitern, im Streit stehen, schwören sie: „Keiner von uns darf seine Tochter einem Benjaminiter zur Frau geben.“ Später bereuen die Israeliten den Beschluss, wollen aber nicht gegen ihn verstoßen. Die Benjaminiter benötigen allerdings dringend Frauen, um nicht auszusterben. Um ihnen zu helfen, lassen die Stämme Israels bei einem Kriegszug gegen die Stadt Jabesch-Gilead, bei dem fast die ganze Bevölkerung getötet wird, 400 jungfräuliche Mädchen am Leben und schicken sie zu den Benjaminitern. Da dies noch nicht ausreichte, schlagen sie den Benjaminitern eine weitere Raubidee vor: Das jährliche Fest für den „Herrn“ (Gott) wird in Schilo von Jungfrauen durch Tanzen gefeiert. Die Benjaminiter überfallen diese und holen sie in ihre Stadt.

Spielfilme zum Raub der Sabinerinnen

INFORMATION 4

- Il Ratto delle Sabine / Romulus and the Sabines / Der Raub der Sabinerinnen – Italien / Frankreich / Jugoslawien 1961. – Regie: Richard Pottier. – Drehbuch: Edoardo Anton und Carlo Infascelli.– Sog. „Sandalenfilm". Antikefilm → Grundwissen 2, S.77.
- Weitere Spielfilme: Alle Filme sind aufgeführt in der Online-Filmdatenbank „Internet Movie Database" (IMDb) unter dem Stichwort „Sabinerinnen".

Theaterstücke, Musicals und Hörspiele zum Raub der Sabinerinnen

INFORMATION 5

Komödie: Franz und Paul Schönthan: Der Raub der Sabinerinnen, Uraufführung Stettin 1884.
Verfilmungen dieser Komödie: Raub der Sabinerinnen, D 1936, Regie: Robert A. Stemmle. – Raub der Sabinerinnen, D 1954, Regie: Kurt Hoffmann. In der von Curt Goetz besorgten modernen Fassung des Theaterstücks. – Raub der Sabinerinnen, TV-Film, D 1959, Regie: Hermann Pfeiffer – Raub der Sabinerinnen, TV-Film, D 1983. Auch viele Hörspielfassungen. **Musical** dazu: Bretter, die die Welt bedeuten, Uraufführung: 24. 4. 1970, Berlin, Metropol-Theater; Libretto (Handlung in das Jahr 1900 verlegt): Helmut Bez, Jürgen Degenhardt; Gesangstexte: Jürgen Degenhardt; Musik: Gerhard Kneifel; Schallplattenfassung 1974 (Darsteller: Manfred Uhlig, Fred Frohberg, Gerti Möller): Amiga, Nr. 845 095. – Vieles davon ist zeitgebunden.

Abb. 6: Hans Rottenhammer: Der Raub der Sabinerinnen (1597). Privatsammlung

5 Die geraubten Sabinerinnen sorgen für Frieden

Die geraubten Sabinerinnen haben sich in der neuen Heimat eingerichtet. Aber ihre Eltern bleiben voller Empörung. Die Sabiner rüsten zum Krieg. Ihr König Titus Tatius besticht eine unverheiratete Römerin namens Tarpeia, seine Soldaten in die befestigte Burg Roms hineinzulassen. Danach erschlagen die Sabiner Tarpeia. Romulus bittet Jupiter um Hilfe. Es kommt zu mehreren Schlachten. Langsam gewinnen die Römer die Oberhand.

Livius, Ab urbe condita 1,13,1–8

1 Tum Sabīnae mulierēs, quārum ex iniūriā bellum ortum erat,
crīnibus passīs scissāque veste, victō malīs muliebrī pavōre,
ausae sē inter tēla volantia īnferre,
ex trānsversō impetū factō dīrimere īnfestās aciēs, dīrimere īrās,
2 hinc patrēs, hinc virōs ōrantēs,
nē sanguine sē nefandō socerī generīque respergerent,
nē parricīdiō macularent partūs suōs,
nepōtum illī, hī līberum prōgeniem.
3 „Sī adfīnitātis inter vōs, sī cōnūbiī piget, in nōs vertite īrās!
Nōs causa bellī, nōs volnerum ac caedium virīs ac parentibus sumus.
Melius perībimus, quam sine alterīs vestrum viduae aut orbae vīvēmus.“
4 Movet rēs cum multitūdinem tum ducēs.
Silentium et repentīna fit quiēs.
Inde ad foedus faciendum ducēs prōdeunt.
Nec pācem modo, sed cīvitātem ūnam ex duābus faciunt.
Rēgnum cōnsociant:
Imperium omne cōnferunt Rōmam.
5 Ita geminātā urbe, ut Sabīnīs tamen aliquid darētur,
Quirītēs ā Cūribus appellātī.
Monumentum eius pūgnae, ubī prīmum ex profundā ēmersus palūde equus Curtium in vadō statuit, Curtium lacum appellārunt.
6 Ex bellō tam trīstī laeta repente pāx cāriōrēs Sabīnās virīs ac parentibus et ante omnēs Rōmulō ipsī fēcit.
Itaque, cum populum in cūriās trīgintā dīvideret, nōmina eārum cūriīs imposuit.

1 **quārum ex iniūriā**: aufgrund deren rechtswidriger Behandlung – **crīnibus passīs scissāque veste**: *Zeichen der Trauer* – 2 **nepōtum, līberum**: *Gen. Pl., Erläuterungen zu* prōgeniem: die Nachkommenschaft (die) aus Enkeln und aus Kindern (besteht) – **illī**: *meint die Sabiner*; hī: *meint die Römer* – 3 **virīs ac parentibus**: *Dat. incommodi („der Person, die den Nachteil hat“)* – 5 **ut ... darētur**: *Finalsatz, steht als Angabe der Absicht vor* Quirītēs ā Cūribus appellātī: *ohne* esse; → Einleitung 6 SPR 3, S. 7–8

1 **crīnēs pandere, -ō, pandī, passum**: die Haare herabfallen lassen, die Frisur lösen
scindere, -ō, scidī, scissum: zerreißen
sē īnferre: sich hineinstürzen
ex trānsversō: von der Flanke (Seite) her
dīrimere, dīrimō: trennen
īrae, -ārum *f.*: die Zornesausbrüche
2 **hinc ... hinc**: von der einen Seite ..., von der anderen Seite
nefandus, -a, -um: ruchlos
socer, socerī *m.*: der Schwiegervater
respergere, -ō: bespritzen
parricīdium, -ī *n.*: der Mord an Verwandten
maculāre, -ō: beflecken
partūs, -ūs *m.*: die Geburt
prōgeniēs, -ēī *f.*: die Nachkommenschaft
3 **adfīnitās, -ātis** *f.*: die Verwandtschaft, die Verwandtschaftsbeziehung
mē piget alicuius reī: ich ärgere mich über etw.
in *+ Akk.*: gegen
volnus, volneris *n.*: die Verwundung
viduae *f. Pl.*: als Witwen
orbae *f. Pl.*: als Waisenkinder
4 **foedus facere, faciō**: einen Vertrag schließen
cōnsociāre, -sóciō: verbinden
cōnferre, cōnferō: bringen
Rōmam: nach Rom, *im Dt.:* in Rom
5 **gemināre, -ō**: verdoppeln
profundus, -a, -um: abgrundtief
ēmergī, -or, ēmersus sum: auftauchen, aus etw. hochkommen
statuere, -ō: zum Stehen bringen
6 **cūriae, -ārum** *f. Pl.*: die Kurien, *die Abteilungen*
impōnere, -ō, -posuī: auflegen

7 Id nōn trāditur – cum haud dubiē aliquantō numerus maior hoc mulierum fuerit –, aetāte an dignitātibus suīs virōrumve an sorte lēctae sint, quae nōmina cūriīs darent.

Obwohl zweifellos die Zahl der Frauen um einiges größer war als das *(nämlich: die Zahl der Kurien)*, wird Folgendes nicht überliefert: ob nach ihrem Alter oder nach ihrem oder ihrer Männer Ansehen oder durch das Los die ausgewählt worden sind, die ihre Namen den Kurien gaben.

8 Eōdem tempore et centuriae trēs equitum cōnscrīptae sunt: Ramnēnsēs ab Rōmulō, ab Titō Tatiō Titiēnsēs appellātī; Lūcerum nōminis et orīginis causa incerta est. Inde nōn modo commūne, sed concors etiam rēgnum duōbus rēgibus fuit.

Zur selben Zeit wurden auch die drei Ritterzenturien in Listen eingeschrieben: Die Ramnenser waren nach Romulus, nach Titus Tatius die Titienser benannt; die Sache des Namens der Lucerer und ihrer Herkunft ist unentschieden. Seitdem hatten die zwei Könige eine Herrschaft, die nicht nur ihnen gemeinsam war, sondern auch von Eintracht bestimmt war.

LERNWORTSCHATZ

pavor, pavōris *m.*	das Zittern, das Entsetzen, die Angst
gener, generī *m.*	der Schwiegersohn
prōdīre, prōdeō, prōdiī, prōditum	hervortreten, nach vorne kommen
palūs, palūdis *f.*	der Sumpf
concors, *Gen.* **concordis**	einträchtig

ARBEITSAUFTRÄGE ZUR TEXTERSCHLIESSUNG

1 **a** Gliedern Sie den Text in verschiedene Erzählelemente (→ Grundwissen 3, S. 77–79).
b Gliedern Sie die Darstellung von Handlungen und Vorgängen nach zeitlichen Hinweisen wie Adverbien und Tempora.

2 Erarbeiten Sie sich den Inhalt der gefundenen Abschnitte, indem Sie die einzelnen Sätze kolometrisch gliedern oder Sachfelder darstellen oder Teile auch direkt übersetzen.

ARBEITSAUFTRÄGE ZUR INTERPRETATION

3 Interpretieren Sie die einzelnen Sätze unter Berücksichtigung der stilistischen Mittel (→ Stilmittel, S. 89–91, St 7, 10, 11, 12, 15, 16, 19, 20) und der Satzlängen (→ Einleitung, 6 SPR, S. 7–8).

4 Erörtern Sie, wie Livius in diesem Text und wie Cicero (→ Information 1) und Plutarch (→ Information 2) die Leistungen des Romulus werten und ihre eigene distanzierte Haltung einbringen.

5 **a** Stellen Sie dar, wie laut den Texten 2–5 Männer Geschichte machen und wie Frauen den Lauf der Geschichte beeinflussen.
b Erörtern Sie: Wer macht Geschichte? Frauen oder Männer?

6 Vergleichen Sie den Text mit Abb. 7. Arbeiten Sie heraus, welche Informationen der Abbildung von denen der Texte des Livius, Ciceros und Plutarchs abweichen oder diese verdeutlichen oder sie neu verstehen lassen.

7 Setzen Sie Ihre Sammlung zu den Leitfragen fort, insbesondere zu L 2, 6, 8 (→ S. 11).

Ciceros Darstellung der Leistung des Romulus

INFORMATION 1

Cicero gibt 55 v. Chr. im 2. Buch seines Werkes *De re publica* („Der Staat“ oder „Die Staatsverfassung“) einen Überblick über die Entwicklung der römischen Verfassung. Natürlich beginnt auch er mit Romulus und dem Königtum. Dabei lässt er den berühmten Politiker und Feldherrn Scipio den Jüngeren Folgendes über Romulus sagen (2,12–14):

(12) Erstens: Romulus habe ... die Stadt gut durch die Mauer gesichert. Zweitens: „Um das neue Volk zu sichern, folgte er einer Überlegung, die zwar gewissermaßen neuartig war und halbbäurisch, die aber dennoch im Blick auf die Festigung seiner Königsherrschaft und seines Volkes Zeichen eines großen Menschen war, der schon damals weit in die Zukunft blickte. Er tat nämlich Folgendes: Er befahl, Sabinische Jungfrauen zu rauben, die aus angesehenen Familien stammten und nach Rom gekommen waren, um die Spiele zu sehen, die damals nach seiner Anordnung zum ersten Mal im Circus veranstaltet wurden und jährlich wiederholt werden sollten. Und drittens machte er sie durch Heiraten mit den angesehensten Familien zum festen Bestandteil des Staates.“ (13) Nach dem Krieg mit den Sabinern schloss er mit Titus Tatius, dem König der Sabiner, einen Vertrag – die mittlerweile Mütter gewordenen Frauen, die einst geraubt worden waren, baten selbst darum. – Man habe die religiösen Riten vereinigt und ein Doppelkönigtum geschaffen. (14) Nach dem Tod des Titus Tatius war dann Romulus Alleinherrscher. Es wurde der Rat der „Väter“ der hundert ersten Familien in Rom geschaffen. Das Volk wurde verwaltungsmäßig in drei *Tribus* („Bezirke“) aufgeteilt, die nach Romulus, seinem Kampfgefährten Lucumo und nach Tatius benannt wurden. Und diese Bezirke wurden wieder in dreißig Verwaltungsbereiche unterteilt, die Kurien (*curiae*) hießen. Den dreißig Kurien gab er die Namen der Frauen, „die von den Sabinern geraubt und später die Fürbitterinnen um einen Frieden und einen Vertrag gewesen waren“. Damit hat Romulus dafür gesorgt, dass sich die Sabiner in den römischen Staat eingebunden fühlten und sich mit ihm identifizieren konnten. Darüber hinaus hat er auf diese Weise für organisierte Verwaltungsbereiche gesorgt.

Plutarch über die Entführung von Frauen durch Theseus und Romulus

INFORMATION 2

Der griechische Schriftsteller Plutarch vergleicht in seiner um 100 n. Chr. entstandenen Romulus-Biografie Romulus, den Gründer Roms, mit Theseus, dem Gründer Athens (*Romulus* c. 35 = Vergleich c. 6). Ausführlich geht er auf den Frauenraub ein:

1. Die Verfehlungen des Theseus haben keinerlei anständige Begründung: a. Er hat so viele Frauen geraubt: „Er raubte Ariadne, Antiope, die Troizenierin Anaxo und schließlich Helena, er, ein schon alternder Mann, eine noch nicht Erwachsene, ein unreifes Kind, während er schon in den Jahren stand, auch auf eine rechtmäßige Heirat besser zu verzichten!“ – b. „Die Mädchen in Athen ... versprachen gewiss keine schlechtere Nachkommenschaft als die Töchter der Troizenier, Lakonen und Amazonen, die er ohne rechtmäßige Werbung nahm. So entsteht der Verdacht, dass er das alles nur aus Übermut und Genussgier getan hat.“

2. Anders Romulus: a) „Romulus dagegen hat erstens von allen den geraubten Frauen, nur wenig unter achthundert an der Zahl, nur die eine, Hersilia, wie es heißt, für sich genommen, die anderen unter die unverheirateten Bürger verteilt.“ – b) „Sodann hat er in der Folgezeit durch die Ehre, Liebe und Gerechtigkeit, die den Frauen erwiesen wurde, die anfängliche Gewalt und Ungerechtigkeit zu einer rühmlichen Tat“ gemacht. Das zeige politische Klugheit, die die Gemeinschaft förderte. „So vereinigte und verschmolz er die Völker und eröffnete für die künftige Entwicklung eine Quelle der Wohlfahrt und der Kraft.“ – c) „Für die Ehrbarkeit, Liebe und Beständigkeit, die er in das Eheleben brachte, ist die Zeit Zeuge. Denn in zweihundertdreißig Jahren hat weder ein Mann gewagt, sich von seiner Frau, noch eine Frau, sich von ihrem Mann zu scheiden ...“

3. Die Verbindungen des Theseus mit verschiedenen Frauen hat Athen nur Feinde und Existenzgefahr gebracht.

4. Romulus sei durch die Gnade der Götter gerettet worden, Theseus aber sei gegen den Willen der Götter ins Leben gekommen. Ein Orakelspruch habe nämlich seinem Vater Aegeus befohlen, sich in der Fremde des Verkehrs mit Frauen zu enthalten. Plutarch stellt die dahinterstehende Sage nicht dar: Das Orakel besagte, Aegeus solle sofort nach seiner Rückkehr einen Schlauch Wein öffnen. Aegeus verstand den Sinn nicht und reiste zu seinem Freund Pittheus von Troizen. Dieser sah im Orakel die Weissagung eines kommenden Helden. Mit diesem wollte er verwandt sein. Er machte Aegeus betrunken. Aegeus schlief dann mit der Tochter des Pittheus. Aus diesem Liebesakt ging Theseus hervor.

Plutarch, Große Griechen und Römer. Bd. 1. Eingeleitet und übersetzt von Konrat ZIEGLER, Zürich / Stuttgart 1954, S. 41–75 (Theseus), S. 76–116 (Romulus), S. 116–121 (Vergleich).

Abb. 7: Jacques-Louis David: Die Sabinerinnen (1799). Paris, Musée du Louvre

6 Romulus verschwindet – Wird er ein Gott?

Nach dem Tod seines Mitregenten Titus Tatius soll Romulus noch 40 Jahre lang als König regiert haben. Livius schreibt, wie vorher schon im Jahr 36 v. Chr. der Geschichtsschreiber Sallust in seinem Werk *Catilinae coniuratio* (Kap. 6), dass die wachsende Größe und der wachsende Wohlstand Roms die Begehrlichkeit der Nachbarvölker weckte. Romulus habe viele Angriffskriege abwehren müssen. Am Ende der Darstellung der Regierungszeit des Romulus stehen eine Würdigung des Romulus und eine Geschichte über sein plötzliches Verschwinden.

► **TIPP** Berücksichtigen Sie die → Einleitung 6 SPR 3, S. 7 (Ausdrücke ohne Formen von *esse*).

Livius, Ab urbe condita 1,16,1–8

1 Hīs immortālibus ēditīs operibus cum ad exercitum recēnsendum cōntiōnem in campō ad Caprae palūdem habēret, subitō coorta tempestās cum magnō fragōre tonitribusque tam dēnsō rēgem operuit nimbō, ut cōnspectum eius cōntiōnī abstulerit; nec deinde in terrīs Rōmulus fuit.

2 Rōmāna pūbēs sēdātō tandem pavōre, postquam ex tam turbidō diē serēna et tranquilla lūx rediit, ubī vacuam sēdem rēgiam vīdit, etsī satis crēdēbat patribus, quī proximī steterant, sublīmem raptum procellā, tamen velut orbitātis metū icta maestum aliquamdiū silentium obtinuit.

3 Deinde – ā paucīs initiō factō – deum deō nātum, rēgem parentemque urbis Rōmānae salvēre ūniversī Rōmulum iubent.
Pācem precibus expōscunt, utī volēns propitius suam semper sospitet prōgeniem.

4 Fuisse crēdō tum quoque aliquōs, quī discerptum rēgem patrum manibus tacitī arguerent; mānāvit enim haec quoque – sed perobscūra – fāma; illam alteram admīrātiō virī et pavor praesēns nōbilitāvit.

2 **raptum**, 4 **discerptum** → Einleitung, 6 SPR 3, S. 7 (Auslassung von *esse*)
1 **hīs … operibus**: *Rückverweis auf die Darstellung in den vorigen Kapiteln* – 2 **manibus patrum**: von den Händen der Väter, *d. h. der Patrizier*

1 **coorīrī, -ior, -ortus sum**: anfangen, aufkommen
tonitrus, -ūs *m.*: der Donner (-schlag)
nimbus, -ī *m.*: die Regenwolke
2 **pūbēs, -is** *f. Sg.*: *Kollektivbegriff:* die jungen Männer
serēnus, -a, -um: heiter, hell, klar
sublīmis, -e: in der Höhe befindlich, in die Höhe
procella, -ae *f.*: der Sturm, die Bö / Böe
orbitās, -ātis *f.*: der Verlust, die Verwaisung
aliquamdiū *Adv.*: eine Zeit lang
3 **salvēre, sálveō**: gesund sein, gut gehen
expōscere, -ō: verlangen, fordern
utī: *altertümlich für* ut
volēns, volentis: geneigt
propitius, -a, -um: gnädig
sospitāre, -ō: erhalten, bewahren
prōgeniēs, -ēī *f.*: die Nachkommenschaft
4 **discerpere, -ō, -cerpsī, -cerptum**: zerstückeln, zerreißen
mānāre, -ō: fließen; sich ausbreiten
perobscūrus, -a, -um: sehr dunkel
nōbilitāre, -ō: berühmt machen

5 Et cōnsiliō etiam ūnīus hominis addita reī dīcitur fidēs.
Namque Proculus Iūlius, sollicitā cīvitāte dēsideriō rēgis et
īnfēnsa patribus, gravis, ut trāditur, quamvīs magnae reī
auctor in cōntiōnem prōdit:
6 „Rōmulus," inquit, „Quirītēs, parēns urbis huius,
prīmā hodiernā lūce caelō repente dēlāpsus
sē mihī obvium dedit.
Cum perfūsus horrōre venerābundusque adstitissem
petēns precibus, ut contrā intuērī fās esset,
7 ‚Abī, nūntiā,' inquit, ‚Rōmānīs, caelestēs ita velle,
ut mea Rōma caput orbis terrārum sit;
proinde rem mīlitārem colant sciantque et ita posterīs trādant
nūllās opēs hūmānās armīs Rōmānīs resistere posse.'
„Haec", inquit, locūtus sublīmis abiit."
8 Mīrum, quantum illī virō nūntiantī haec fidēs fuerit
quamque dēsiderium Rōmulī apud plēbem exercitumque
factā fidē immortālitātis lēnītum sit.

5 **dēsiderium rēgis**: die Sehnsucht nach dem König
īnfēnsus, -a, -um + *Dat.*: feindselig gegenüber jdm.
gravis, -e: bedeutend
auctor, -ōris *m.*: der Urheber
6 **hodiernus, -a, -um**: heutig
dēlābī, -or, -lāpsus sum: nach unten gleiten, herabkommen
sē obvium dare, dō, dedī: begegnen
horror, -ōris *m.*: das Erschrecken
adstāre, -stō, -stitī: dastehen
contrā intuērī, intúeor: ins Gesicht sehen
fās est: es ist von den Göttern erlaubt
7 **rēs mīlitāris** *f.*: das Militärwesen

---

5 **addita**, 8 **mīrum** → Einleitung, 6 SPR 3, S. 7 (Auslassung von *esse*)

LERNWORTSCHATZ

recēnsēre, recēnseō, recēnsuī, recēnsum	mustern
fragor, fragōris *m.*	das Krachen, das Getöse
dēnsus, -a, -um	dicht
operīre, opériō, opéruī, opertum	einhüllen, verbergen
sēdāre, sēdō, sēdāvī, sēdātum	zur Ruhe bringen; *Pass.* sich beruhigen, sich legen
pavor, pavōris *m.*	die Angst, die Aufregung
turbidus, -a, -um	stürmisch
tranquillus, -a, -um	ruhig
īcere, īcō *oder* **īciō, īcī, ictum**	stoßen, treffen
maestus, -a, -um	traurig
sollicitus, -a, -um	unruhig, erregt, besorgt
prōdīre, prōdeō, prōdiī, prōditum in + *Akk.*	auftreten vor, sich vor jdn. stellen
perfundere, perfundō, perfūdī, perfūsum	völlig durchströmen, völlig erfüllen
venerābundus, -a, -um	ehrfurchtsvoll, ehrerbietig
caelestēs, caelestium *m. Pl.*	die Himmelsbewohner *(= die Götter)*
lēnīre, lēniō, lēnīvī, lēnītum	lindern, mildern

ARBEITSAUFTRÄGE ZUR TEXTERSCHLIESSUNG

1 Machen Sie sich mit folgenden Namen (→ Nvz) vertraut: Proculus, Íulus, Iūlius, Quirītēs.

2 Nutzen Sie einen oder mehrere der folgenden Schritte, um den Text zu erschließen:

a Erstellen Sie eine kolometrische Gliederung, insbesondere zu § 2.

b Gliedern Sie den Text.

c Stellen Sie zu folgenden Sachfeldern Ausdrücke aus dem Text zusammen: 1. Staat und Heer – 2. Wetter und Stimmung (→ Information 1) – 3. Vergöttlichung / Entrückung – 4. Romulus als väterlicher Herrscher

ARBEITSAUFTRÄGE ZUR INTERPRETATION

3 Analysieren Sie, wie die Mischung der Ausdrücke der in Arbeitsauftrag 2c genannten Sachfelder die Gefühle und das Verstehen des Lesers beeinflussen kann. Nennen Sie die Ausdrücke und interpretieren Sie sie im Zusammenhang des Satzes.

4 Zitieren, benennen und interpretieren Sie stilistische Erscheinungen, die die Wirkung der zu Arbeitsauftrag 2c und 3 zusammengestellten Ausdrücke verstärken.

5 Analysieren Sie in den §§ 5–7,

a wer jeweils zu wem spricht;

b ob es sich um eine direkte Rede oder eine indirekte Rede handelt oder um einen sogenannten Redebericht (→ Grundwissen 3.3, S. 78);

c wie die (zu a und b erarbeitete) Gestaltung auf den Leser wirkt.

6 Livius unterscheidet zwei Arten der mündlichen Überlieferung und der Gerüchtebildung (*fāma*) über den Tod des Romulus.

a Analysieren Sie, welche *fāma* Livius ausführlicher darstellt, welche er bevorzugt und warum er beide Sagenbildungen darstellt.

b Stellen Sie aus dem Text alle Formulierungen und Wörter zusammen, die eine Distanzierung des Livius von dem dargestellten Inhalt zeigen, und zeigen Sie, bei welchen Aussagen er sie verwendet.

7 *Pater patriae, parēns patriae*: „Vater des Vaterlands": Recherchieren Sie diesen Begriff und stellen Sie Beispiele zusammen, für wen diese Formel in der Antike und bis heute verwendet wurde. Diskutieren Sie die Berechtigung dieser Formel.

8 a Vergleichen Sie die Informationen 2 und 3 mit Text 6.

b Erläutern Sie (mit Belegen aus den Texten 3–6), wie aus vagen Gründungsmythen feste Vorstellungen von Rom und dessen erstem Herrscher werden.

9 Beschreiben Sie Abb. 8 und zeigen Sie Parallelen und Unterschiede zu Text 6. Erklären Sie die Unterschiede.

10 Setzen Sie Ihre Sammlung zu den Leitfragen fort, insbesondere zu L 1, 2, 3, 5, 10 (S. 11).

Wetter, Götter, Stimmungen

Viele Ausdrücke bezeichnen Klimaerscheinungen und gleichzeitig innere Stimmungen, z. B. „trüb, auftauen". Das Wetter spielt auch eine besondere Rolle bei Göttererscheinungen. Beispiel: *nimbus*, *-ī m.* „der Sturzregen, die Wolke". Das Wort ist der Fachbegriff für einen oft in Epen geschilderten Vorgang. Ein Gott oder eine Göttin erscheint plötzlich aus einem Nebel heraus oder verschwindet in ihm. Der Gott kann auch seine Lieblingsmenschen entsprechend unsichtbar machen, entweder damit sie erst zu einem bestimmten Punkt glanzvoll vor einer Menschengruppe erscheinen oder damit sie einem gefährlichen und überlegenen Angreifer entrissen werden. Später meint das Wort *nimbus* sogar „Heiligenschein".

Abb. 8: Matthäus Merian der Ältere (1593–1650): Apotheose des Romulus. Kupferstich, aus: Johann Ludwig Gottfried, Historische Chronica, Frankfurt am Main 1630, S. 69. Berlin, Sammlung Archiv für Kunst und Geschichte

Beurteilung von Staatslenkern nach Ennius und Cicero

INFORMATION 2

In seinem Werk *De re publica* (54/53 v. Chr.), Buch 1, § 64, schreibt Cicero vieles über Romulus und erwähnt dabei einen Text von Ennius (239–169 v. Chr.), dem berühmten Dichter des Geschichtsepos *Annales*. Dieser Text zeige, wie man Staatslenker beurteilt hat und zu beurteilen habe: Wenn jedenfalls das Volk eines gerechten Königs beraubt worden ist, dann „sitzt lange die Sehnsucht in den göttlichen Herzen" (*pectora dia tenet desiderium*). Er zitiert aus dem in Hexametern geschriebenen Werk des Ennius:
„Zusammen / sprechen sie in Erinnerung so miteinander: ‚O Romulus, Gott Romulus, / welchen Wächter des Vaterlands haben die Götter mit dir geschaffen! / O Vater, o Erzeuger, o Blut, das den Göttern entspringt!'"
Cicero kommentiert den Text des Ennius so: „Nicht Herren (*erī*) und nicht Sklavenbeherrscher (*dominī*) nannten sie die, denen sie in Gerechtigkeit gehorcht hatten, schließlich auch nicht Könige, vielmehr Wächter des Vaterlands, vielmehr Väter, vielmehr Götter."
Cicero zitiert, wie Ennius Romulus rühmt: „Du (Romulus) hast uns zu den Küsten des Lichts geführt". Dieses Zitat interpretiert Cicero so: „Das Leben (*vīta*), eine anerkannte Stellung (*honor*), Anerkennung und Erreichung eines Lebensziels (*decus*) war ihnen durch die Gerechtigkeit des Königs gegeben worden, dieser Meinung waren sie. Genau derselbe Wille wäre den Nachkommen geblieben, wenn die Ähnlichkeit der Könige dauernd so geblieben wäre."

Die Sage von der Vergöttlichung des Romulus, kommentiert von Plutarch

INFORMATION 3

Plutarch (46–120 n. Chr.; → Information 3 zu Text 5) schreibt in seiner Romulus-Biografie (Kap. 28): Iulius Proculus behauptet, ihm sei bei der Suche nach Romulus dieser erschienen und habe ihn beauftragt, zu verkünden, dass er durch den Willen der Götter Rom gegründet habe, jetzt aber der Gott Quirinus sei. – Plutarch erwähnt einige parallele Sagen bei den Griechen und schreibt: „Noch viele andere Fabeln der Art erzählt man, womit man entgegen der gesunden Vernunft das sterbliche Wesen zum Range des Göttlichen zu erheben sucht." Plutarch weiter: „Die Göttlichkeit der Tugend ganz und gar zu leugnen ist unfromm und niedrig, aber Himmel und Erde durcheinanderzubringen ist Torheit. Will man sicher gehen, so möge man mit (dem griechischen Dichter) Pindar sagen: ‚Eines jeden Menschen Leib folgt dem übergewaltigen Tode, lebendig aber bleibt in Ewigkeit sein Urbild.' Denn das allein stammt von den Göttern. Es kommt von dort, und dorthin geht es wieder, nicht mit dem Leib, sondern wenn es sich ganz und gar vom Leib gelöst und geschieden hat, ganz lauter geworden ist und fleischlos und rein. … Man braucht also durchaus nicht die Leiber der Guten wider die Natur mit in den Himmel aufsteigen zu lassen, aber glauben darf man durchaus, dass die tugendhaften Seelen kraft ihrer göttlichen Natur und nach göttlichem Recht aus Menschen zu Heroen, aus Heroen zu Dämonen, aus Dämonen – wenn sie wie in Weihen gereinigt und geheiligt und allem Sterblichen, dem Erleiden Unterworfenen, entronnen sind – nicht nach dem Gesetz eines Staates, sondern nach der Wahrheit und gesunder Vernunft zu den Göttern emporgehoben werden und so zur schönsten und seligsten Vollendung gelangen."
Plutarch, Große Griechen und Römer. Bd. 1. Eingeleitet und übersetzt von Konrat ZIEGLER, Zürich / Stuttgart 1954, S. 114.

Horatier und Curiatier

Unter König Tullus Hostilius, dem Nachfolger des Romulus, führt Rom einen Krieg mit seiner Nachbarstadt Alba Longa. In beiden Heeren gab es jeweils Drillingsbrüder, „die an Alter und Kraft einander sehr ähnlich waren" (so Livius, *a.u.c.* 1,24,1). Sie hießen Horatier (also Angehörige der Familie der *Horātiī*) und Curiatier (also Angehörige der Familie der *Cūriātiī*). Livius meint, dass die Horatier die römische Familie sind, die Curiatier die Familie aus Alba Longa. Die Führer des Heeres von Alba Longa schlagen vor, statt ganzer Heere nur einen Römer und einen Albaner einen Zweikampf führen zu lassen. Das Volk, aus dem der Sieger stammt, solle über das andere herrschen. Die Könige beider Völker vereinbaren aber mit den Drillingen, dass diese den Zweikampf ausführen. Es wird ein sogenannter Eidesvater ernannt. Lange und umständliche Weihungen und Zeremonien werden ausgeführt. Dann leisten die Drillingspaare einen Eid. Ein hochrangiger Priester weiht sie mit vielen Riten und einem Tieropfer zum Kampf (*a.u.c.* 1,24,1–9). Dann beginnt der Kampf der zwei Drillingspaare:

Abb. 9: Jacques-Louis David: Der Schwur der Horatier (1784). Paris, Musée du Louvre

1 Foedere ictō trigeminī, sīcut convēnerat, arma capiunt.
Cum suī utrōsque adhortārentur,
deōs patriōs, patriam ac parentēs,
quidquid cīvium domī, quidquid in exercitū sit,
illōrum tunc arma, illōrum intuērī manūs,
ferōcēs et suōpte ingeniō et plēnī adhortantium vōcibus
in medium inter duās aciēs procēdunt.
2 Cōnsēderant utrimque prō castrīs duo exercitūs,
perīculī magis praesentis quam cūrae expertēs;
quippe imperium agēbātur
in tam paucōrum virtūte atque fortūnā positum.
Itaque ergo ērēctī suspēnsīque
in minimē grātum spectāculum animō incenduntur.
3 Datur sīgnum
īnfestīsque armīs velut aciēs ternī
iuvenēs magnōrum exercituum animōs gerentēs concurrunt.
Nec hīs nec illīs perīculum suum, pūblicum imperium
servitiumque obversātur animō
futūraque ea deinde patriae fortūna, quam ipsī fēcissent.
4 Ut prīmō statim concursū increpuēre arma
micantēsque fulsēre gladiī,
horror ingēns spectantēs perstringit
et neutrō inclīnātā spē torpēbat vōx spīritusque.
5 Cōnsertīs deinde manibus
cum iam nōn mōtus tantum corporum
agitātiōque anceps tēlōrum armōrumque,
sed volnera quoque et sanguis spectāculō essent,
duo Rōmānī super alium alius,
volnerātīs tribus Albānīs, exspīrantēs corruērunt.
6 Ad quōrum cāsum cum conclāmāsset gaudiō Albānus exercitus,
Rōmānās legiōnēs iam spēs tōta,
nōndum tamen cūra dēseruerat,
exanimēs vice ūnīus, quem trēs Cūriātiī circumsteterant.

1 **suī**: die Angehörigen, die eigenen Leute
ac: und gleichermaßen
suōpte: -pte *verstärkt*: ganz eigen
2 **utrimque**: auf beiden Seiten
prō + *Abl.*: vor
ērēctus, -a, -um: erwartungsvoll
suspēnsus, -a, -um: gespannt
in + *Akk.*: in Richtung auf, zu
animō: im Herzen
3 **ternī, -ōrum** *m. Pl.*: je drei
obversārī, -or + *Dat.*: sich zeigen
4 **micāre, -ō, micuī**: hin und her zucken
fulgēre, fúlgeō, fulsī: strahlen, blitzen
neuter, neutra, neutrum, *Gen.* **neutrīus**: keiner von beiden
perstringere, -ō, -strīnxī, -strictum: berühren, durchfahren
inclīnārī, -clīnor: sich zuneigen
torpēre, tórpeō: gelähmt sein
5 **manūs cōnserere, -ō, -seruī, -sertum**: „die Hände miteinander verbinden" = in den Nahkampf übergehen
agitātiō, -ōnis *f.*: das Hin- und Herbewegen
spectāculō esse: ein Schauspiel sein (*Dat. finalis, „des Ergebnisses und Ziels")*
super + *Akk.*: über
volnus = vulnus
volnerāre = vulnerāre: verletzen
exspīrāre, -ō: das Leben aushauchen
6 **conclāmāre, -ō, -āvī**: laut schreien
exánimis, -e: betäubt, atemlos *(vor Schrecken)*
vice + *Gen.*: an der Stelle von
circumsistere, -ō, circúmstetī: sich um jdn. herumstellen

4 **increpuēre**, 6 **conclāmāsset**: ⟶ Einleitung 6 SPR 2, S. 7 (Perfektformen)
1 **quidquid cīvium:** *Gen. part.*: alles, was an Bürgern – **sit**: *verallgemeinernder Konjunktiv* – **illōrum**: ihre; *meint die vorher genannten* suī – 3 **magnōrum exercituum animōs gerere, -ō**: den Kampfgeist großer Heere (in sich) tragen – **fēcissent**: *Konjunktiv, da keine Tatsache, sondern eine Vorstellung der* iuvenēs dargestellt wird; *Vorzeitigkeit, da etwas geschildert wird, was vor* fortuna futūra *liegt* – 6 **gaudiō**: *Abl. causae*: vor Freude

7 Forte is integer fuit,
ut ūniversīs sōlus nequāquam pār, sīc adversus singulōs ferōx.
Ergō, ut sēgregāret pūgnam eōrum, capessit fugam,
ita ratus secūtūrōs,
ut quemque volnere adfectum corpus sineret.
8 Iam aliquantum spatiī ex eō locō, ubī pūgnātum est, aufūgerat,
cum respiciēns videt magnīs intervallīs sequentēs,
ūnum haud procul ab sēsē abesse.
9 In eum magnō impetū rediit;
et dum Albānus exercitus inclāmat Cūriātiīs,
utī opem ferant frātrī,
iam Horātius caesō hoste victor secundam pūgnam petēbat.
Tunc clāmōre, qualis ex īnspērātō faventium solet,
Rōmānī adiuvant mīlitem suum;
et ille dēfungī proeliō festīnat.
10 Prius itaque, quam alter – nec procul aberat – cōnsequī posset,
et alterum Cūriātium cōnficit.
11 Iamque aequātō Mārte singulī supererant, sed nec spē nec vīribus parēs.
Alterum intāctum ferrō corpus et gemināta victōria ferōcem in certāmen tertium dabat.
Alter fessum volnere, fessum cursū trahēns corpus
victusque frātrum ante sē strāge victōrī obicitur hostī.
Nec illud proelium fuit.
12 Rōmānus exsultāns „Duōs", inquit, „frātrum manibus dedī;
tertium causae bellī huiusce, ut Rōmānus Albānō imperet, dabō."
Male sustinentī arma gladium supernē iugulō dēfīgit,
iacentem spoliat.
13 Rōmānī ovantēs ac gratulantēs Horātium accipiunt,
eō māiōre cum gaudiō, quō prope metum rēs fuerat.
Ad sepultūram inde suōrum nequāquam paribus animīs vertuntur,
quippe imperiō alterī auctī, alterī diciōnis aliēnae factī.

14 Die Grabstätten gibt es noch an dem Ort, wo ein jeder gefallen ist, zwei römische an einem einzigen Ort, der näher an Alba liegt, drei albanische in Richtung Rom, aber in räumlicher Entfernung voneinander, so, wie auch gekämpft worden ist.

7 **ut ... sīc**: zwar ... aber
ūniversī: *m.. Pl.*: alle zusammen
capessere, -ō, capessīvī: ergreifen

8 **aliquantum spatiī**: ein Stück weit
aufugere, -iō, -fūgī: fliehen

9 **inclāmāre** + *Dat.*: jdm. zurufen
utī = ut
opem ferre, ferō + *Dat.*: jdm. zu Hilfe kommen
ex īnspērātō: unerwartet
dēfungī, -or, -fūnctus sum + *Abl.*: zu Ende bringen
festīnāre, -ō: sich beeilen, eilen

10 **prius ... quam**: eher als = bevor
et = etiam: auch
11 **aequāre, -ō**: gleichmachen
singulī *m. Pl.*: je einer
intāctus, -a, -um: unberührt
gemināre, -ō: verdoppeln
in + *Akk.*: gegen
volnere = vulnere
strāgēs, -is *f.*: der Untergang
óbicī, -icior: sich entgegenwerfen

12 **mānēs, -ium** *m.*: die Manen *(die Seelen der Toten)*
huius-ce = dieses (Krieges) hier
male *Adv.*: kaum, mit Mühe
supernē *Adv.*: von oben
iugulō dēfīgere, -ō: in die Kehle stoßen
spōliāre, -ō: der Rüstung berauben
13 **ovāre, -ō**: jubeln
vertī, -or: sich wenden
facere aliquem alicuius reī: jdn. einer Sache unterwerfen

---

7 **secūtūrōs**, 13 **auctī, factī**: → Einleitung 6 SPR 3, S. 7 (Wegfall von Formen von *esse*)
7 **pūgnam eōrum sēgregāre, -ō**: den Kampf mit ihnen in Einzelkämpfe aufteilen – **ratus secūtūrōs**: in der Meinung, sie würden ihm folgen – **ut quemque ... sineret**: wie es jedem einzelnen der von seiner Verwundung erschöpfte Körper erlaube – 8 **ūnum ... abesse**: *A.c.i., abhängig von* videt: dass (aber) einer nicht weit von ihm entfernt ist – 9 **clāmōre, quālis faventium solet**: mit einem Beifallsgeschrei, wie es üblicherweise von Anhängern kommt – 11 **aequātō Mārte**: „Mars war gleichgemacht" = die Siegeschancen waren angeglichen – **victus frātrum ante sē strāge**: besiegt von dem Fall seiner Brüder vor ihm – 13 **eō māiōre cum gaudiō, quō**: mit umso größerer Freude, als ...

LERNWORTSCHATZ

adhortārī, adhortor, adhortātus sum	ermahnen, anfeuern
expers, expertis + *Gen.*	ohne Anteil an, frei von etw.
suspéndere, suspendō, suspendī, suspēnsum	aufhängen; unentschieden lassen, im Ungewissen halten
servitium, servitiī *n.*	die Sklaverei, der Sklavendienst
increpāre, íncrepō, incrépuī (*auch* increpāvī), incrépitum	lärmen, tadeln
horror, horrōris *m.*	der Schrecken
corruere, córruō, córruī, corrúitum	zusammenbrechen
intervallum, intervallī *n.*	der Abstand
favēre, faveō, fāvī, fautum + *Dat.*	jdn. begünstigen
fessus, -a, -um	ermüdet, erschöpft
exsultāre, exsultō, exsultāvī, exsultātum	jubeln, *vor Freude* außer sich sein
sepultūra, sepultūrae *f.*	die Bestattung
diciō, diciōnis *f.*	die Gewalt, die Abhängigkeit

ARBEITSAUFTRÄGE ZUR TEXTERSCHLIESSUNG

1 a Gliedern Sie den Text in Handlungsetappen. Berücksichtigen Sie dazu: die verwendeten Tempora, die Adverbien des Zeitfortschritts oder der Folgerung, einleitende Ablativi absoluti und Temporalsätze.
  b Unterscheiden Sie verschiedene Erzählelemente. → Grundwissen 3, S. 77–79
  c Stellen Sie aus dem Text alle Ausdrücke zum Sachfeld „Kampf, Kraft, Heer“ zusammen.

2 Geben Sie den Inhalt der einzelnen Sätze textnah als sogenannte „Paraphrase“ wieder und übersetzen Sie sie dann.

Arbeitsaufträge zur Interpretation → Arbeitsaufträge 4 und 5 zu Text 8, S. 42

Ein Horatier tötet seine Schwester

Die Heere kehren nach Hause zurück. An der Spitze des römischen Heeres geht der siegreiche Horatier (Fortsetzung von Text 7).

Livius, Ab urbe condita 1,26,2–14

2 Prīnceps Horātius ībat, trigemina spolia prae sē gerēns.
Cui soror virgō, quae dēspōnsa ūnī ex Cūriātiīs fuerat, obvia
ante portam Capēnam fuit, cognitōque super umerōs frātris
palūdamentō spōnsī, quod ipsa cōnfēcerat, solvit crīnēs
et flēbiliter nōmine spōnsum mortuum appellat.
3 Movet ferōcī iuvenī animum complōrātiō sorōris in victōriā
suā tantōque gaudiō pūblicō. Strictō itaque gladiō, simul
verbīs increpāns, transfīgit puellam.
4 „Abī hinc cum immātūrō amōre ad spōnsum“, inquit,
„oblīta frātrum mortuōrum vīvīque, oblīta patriae.
Sīc eat, quaecumque Rōmāna lūgēbit hostem.“
5 Atrōx vīsum id facinus patribus plēbīque,
sed recēns meritum factō obstābat.
Tamen raptus in iūs ad rēgem.
Rēx, nē ipse tam trīstis ingrātīque ad volgus iūdiciī ac
secundum iūdicium suppliciī auctor esset,
conciliō populī advocātō
„Duumvirōs“ inquit, „quī Horātiō perduelliōnem iūdicent,
secundum lēgem faciō.“

2 **prīnceps**: als Erster
trigeminus, -a, -um: dreifach
soror virgō *f.*: die unverheiratete Schwester
dēspōnsus, -a, -um + *Dat.*: verlobt mit
obvium esse, sum, fuī: begegnen
palūdamentum, -ī *n.*: der Mantel
spōnsus, -ī *m.*: der Verlobte
crīnis, -is *m.*: das Haar
flēbiliter *Adv.*: unter Tränen
3 **complōrātiō, -ōnis** *f.*: das Klagen, das Jammern
immātūrus, -a, -um: unreif
5 **obstāre, -stō**: entgegenstehen
rapere, -iō, rapuī, -raptum in iūs: vor Gericht zerren
volgus = vulgus
advocāre, -ō: herbeirrufen, einberufen
duumvirī, -ōrum *m. Pl.*: das Zweimännerkollegium, die Duumvirn
perduelliō, -ōnis *f.*: der Hochverrat *an Staat und Gesetzen*

Inhaltsangabe

6-7 Die Duumvirn (das herrschende Zweimännerkollegium) verurteilen ihn wegen Hochverrats.

8 Aber Tullus rät ihm, Berufung bei der Volksversammlung einzulegen.

9 In der Volksversammlung erregt der Vater Publius Horatius bei den Versammelten starke Rührung. Er sagt, seine Tochter sei zu Recht getötet worden. Wäre das nicht so, wäre er selbst mit seiner väterlichen Macht gegen den Sohn vorgegangen. Er bittet darum, ihn nicht kinderlos zu machen.

10 Er umarmt seinen Sohn, zeigt auf die erbeuten Rüstungen der Curiatier und fragt die Versammelten: „Quiriten, – könnt ihr diesen unter einen Holzblock gefesselt bei Schlägen und Foltern sehen?“

11 Er malt den Gegensatz zwischen den Verdiensten des Sohnes und der drohenden Hinrichtung aus.

Übersetzung

12 Das Volk ertrug dies nicht … Damit der offensichtliche Mord dennoch durch irgendein Sühneopfer abgebüßt wurde, soll der Vater den Sohn auf Staatskosten entsühnen.

Inhaltsangabe

13 Der Sohn wird symbolisch an ein Balkenjoch geführt, was eine Versklavung andeutet.

14 Horatia erhält ein Steingrab.

5 **vīsum**; **raptus** → Einleitung 6 SPR 3, S. 7 (Wegfall von *esse*)
2 **trigemina spolia** *n. Pl.*: „die dreifach geraubten Rüstungen“ = gleich drei eroberte Rüstungen – **solvere crīnēs**: die *hochgesteckten* Haare lösen; *Trauergestus* – **nōmine appellāre, -ō**: beim Namen rufen – 4 **quaecumque Rōmāna**: jede Römerin, die

LERNWORTSCHATZ

spolia, spoliōrum *n. Pl.*	die erbeutete Rüstung, die Beute
stringere, stringō, strīnxī, strictum	ziehen, zücken (*Waffen*)
increpāre, íncrepō, incrépuī (*auch* increpāvī), increpātum	anfahren, beschimpfen
transfīgere, transfīgō, transfīxī, transfīxum	durchbohren
lūgēre, lūgeō, lūxī, lūctum	betrauern, trauern
atrōx, *Gen.* **atrōcis**	scheußlich, abscheulich
ingrātus, -a, -um	undankbar; unbeliebt; unerwünscht

ARBEITSAUFTRÄGE ZUR TEXTERSCHLIESSUNG

1 **a** Gliedern Sie den lateinischen Text in a. Erzählung von Ereignissen und b. Reden.
b Gliedern Sie die erzählenden Teile anhand der Tempora in Handlungsetappen und Hintergrunddarstellung. → Grundwissen 3.3, S. 78–79

ARBEITSAUFTRÄGE ZUR INTERPRETATION

2 Erörtern Sie die Gründe für die Verhaltensweise des jungen Horatius, seines Vaters, des Zweimännerkollegiums und der Volksversammlung.

3 Vergleichen Sie die Haltung Horatias, der Schwester des siegreichen Horatiers, mit der der Sabinerinnen (→ Text 5).

4 Vergleichen Sie den Text mit dem Gemälde Jacques-Louis Davids (Abb. 9) und analysieren Sie:
a Aus welchen Mitteilungen kann der Maler Jacques-Louis David auf übersteigerten Patriotismus schließen?
b Wie hat der Maler Jacques-Louis David viele Informationen des Textes in einem einzigen Bild konzentriert?

5 Erläutern Sie, warum es gemäß Information 1 zu einer falschen Auslegung des Gemäldes kommen konnte.

Der römische Gruß (*saluto Romano*)

INFORMATION 1

Im Jahr 1784 malte Jacques-Louis David das Gemälde „Der Schwur der Horatier" (*Le Serment des Horaces*), 330 x 425 cm, heute im Musée du Louvre in Paris (→ Abb. 9). Es sollte wahrscheinlich die Folgen eines übersteigerten Patriotismus oder Nationalstolzes zeigen. Die zum Himmel erhobenen Hände sind ein römischer Schwurgestus. Eine schräg nach vorn gestreckte Hand ist auch die Segensgeste von Herrschern.

Die von Benito Mussolini (1883–1945) geführten Arbeitervereine in Italien verwendeten den Schwurgestus als Grußgestus unter Genossen und sahen darin eine Wiederbelebung der Größe des antiken Roms. Danach hat ihn die italienische Faschistische Partei, dann die Nationalsozialistische Partei Deutschlands übernommen.

Dieser Grußgestus ist heute als sogenannter Hitlergruß bekannt. Er diente zur Begrüßung des Diktators Adolf Hitler, aber auch als Gruß unter allen, die ihr Bekenntnis zu dem Diktator zeigen wollten oder mussten. Dieser Grußgestus ist in der Bundesrepublik Deutschland verboten und strafbar (§ 86a Abs. 2 Satz 1, StGB), ebenso in Österreich und Italien. In vielen Monumentalfilmen über die Antike wird der Gestus falsch als Grußgestus verwendet. Manche führen diesen Gestus aber darauf zurück, dass Soldaten in den USA von 1892 bis 1942 den Treueschwur auf die amerikanische Fahne mit erhobenem Arm leisten mussten.

Martin M. WINKLER: The Roman Salute. Cinema, History, Ideology. Columbus 2009.

Tarquinius Superbus

Servius Tullius, der sechste König Roms, kam mühselig zur Macht, weil er aus niedrigem Stand war. Sofort muss er sich gegen Versuche wehren, ihm die Macht zu entreißen. Er hat zwei Töchter namens Tullia. Die eine beschreibt Livius als von bösem Charakter, sie heiratet einen gutmütigen Mann, Arruns Tarquinius. Die andere beschreibt Livius als von gutem Charakter, sie heiratet Lucius Tarquinius. Die böse Tullia ist mit ihrem Mann unzufrieden, weil er nicht machtbesessen ist. Arruns Tarquinius und die gute Tullia sterben kurz hintereinander. Jetzt verbünden sich die böse Tullia und Tarquinius, sie heiraten und streben rücksichtslos die Königsmacht an. Lucius Tarquinius vertreibt Tullius vom Thron und lässt ihn erschlagen. Die böse Tullia lässt ihren Pferdewagen über den Leichnam rollen.

Livius, Ab urbe condita 1,49,1–9

1 Inde Lūcius Tarquinius rēgnāre occēpit.
Cui Superbō cognōmen facta indidērunt, quia socerum gener sepultūrā prohibuit, Rōmulum quoque īnsepultum perīsse dictitāns,
2 prīmōrēsque patrum, quōs Servī rēbus fāvisse crēdēbat, interfēcit.
Cōnscius deinde male quaerendī rēgnī ab sē ipsō adversus sē exemplum capī posse, armātīs corpus circumsaepsit.
3 Neque enim ad iūs rēgnī quicquam praeter vim habēbat – ut quī neque populī iussū neque auctōribus patribus rēgnāret.
4 Eō accēdēbat, ut in cāritāte cīvium nihil speī reponentī metū rēgnum tūtandum esset.
Quem ut plūribus incuteret, cognitiōnēs capitālium rērum sine cōnsiliīs per sē sōlus exercēbat,
5 perque eam causam occīdere, in exsilium agere, bonīs multāre poterat nōn suspectōs modō aut invīsos, sed unde nihil aliud quam praedam spērāre posset.

1 **Superbō**: *KNG-kongruent zu* cui, *im Dt. Nominativ. Zu römischen Namen vgl. Information 1.* – **gener**: als Schwiegersohn – 2 **quōs Servī rēbus fāvisse crēdēbat**: *verschränkter Relativsatz:* die, wie er glaubte, die Angelegenheiten des Servius begünstigt hatten – **cōnscius deinde male quaerendī rēgnī ab sē ipsō adversus sē exemplum capī posse**: *Von* cōnscius *ist der A.c.i.* exemplum posse *abhängig; zum Modalverb* posse *tritt* capī („genommen werden"); *von* exemplum *ist das Gen.-Attr.* male quaerendī rēgnī *abhängig;* capī *ist durch die beiden Adverbialen* ab sē ipsō („von ihm selbst") *und* adversus sē („gegen ihn") erweitert. – **auctōribus patribus**: auf Antrag, mit Zustimmung der Väter; **populī iussū**: auf Befehl des Volkes; *beide Ausdrücke nehmen voraus, was erst später in republikanischer Zeit das übliche Verfahren ist: von den Senatoren, die auch „Väter" heißen, werden Gesetze beschlossen; die Volksversammlung kann solche Gesetze über Volkstribunen beim Senat in Auftrag geben („befehlen").* – 4 **nihil speī**: nichts an Hoffnung, keinerlei Hoffnung – **reponentī (eī)**: weil er … setzte – **quem**: *relativ(isch)er Satzanschluss, greift* metus *auf* – 5 **unde**: woher = alle, von denen

1 **occipere, -iō, -cēpī**: anfangen
indere, -ō, -didī: beigeben
socer, socerī *m.*: der Schwiegervater
īnsepultus, -a, -um: ohne Begräbnis
dictitāre, -ō: immer wieder sagen
2 **prīmōrēs, -um** *m. Pl.*: die Führenden
patrēs, -um *m. Pl.*: die Väter, *d. h. die Senatoren*
male *Adv.*: auf unrechtlichem Weg
armātī, -ōrum *m.*: die Bewaffneten
circumsaepīre, -iō, -saepsī: einzäunen, umgeben
3 **iūs rēgnī**: das Recht auf die Königsherrschaft
ut quī: da er ja
4 **eō accēdēbat**: hinzu kam
cāritās, -ātis *f.*: die Liebe
repōnere, -ō in + *Abl.*: setzen auf
tūtārī, -or: schützen, sicherstellen
incutere, -iō: einflößen
cognitiō, -ōnis *f.*: die Untersuchung
rēs capitālis, reī capitālis *f.*: das Kapitalverbrechen *mit Todesstrafe*
5 **bona, -ōrum** *n. Pl.*: der Besitz
bonīs multāre, -ō: mit Vermögensentzug bestrafen
suspectus, -a, -um: verdächtig
invīsus, -a, -um: verhasst

6 Praecipuē ita patrum numerō imminūtō statuit nūllōs in patrēs legere, quō contemptior paucitāte ipsā ōrdō esset minusque per sē nihil agī indignārentur.

7 Hic enim rēgum prīmus trāditum ā priōribus mōrem dē omnibus senātum cōnsulendī solvit. Domesticīs cōnsiliīs rem pūblicam administrāvit. Bellum, pācem, foedera, societātēs per sē ipse, cum quibus voluit, iniussū populī ac senātūs, fēcit dīrēmitque.

8 Lātīnōrum sibī maximē gentem conciliābat, ut peregrīnīs quoque opibus tūtior inter cīvēs esset, neque hospitia modo cum prīmōribus eōrum, sed adfīnitātēs quoque iungēbat.

6 **praecipuē** *Adv.*: besonders
imminúere, -mínuō, -uī, -ūtum: verringern
quō + *Konjunktiv*: damit umso
contemptus, -a, -um: verächtlich

7 **priōrēs, -um** *m. Pl.*: die Vorfahren
domestica cōnsīlia *n. Pl.*: Beschlüsse im Familienkreis
iniussū: ohne Befehl, ohne Auftrag
dīr-ímere, dīrimō, -ēmī: aufheben

8 **prīmōrēs, -um** *m. Pl.*: die Führer
adfīnitās, -ātis *f.*: die Verwandtschaft

9 Octavius Māmilius aus Tusculum – er war der allererste Anführer des latinischen Stamms und, wenn wir der Sage glauben, Nachkomme des Odysseus und der Königin Kirke –, diesem Māmilius also gibt er seine Tochter zur Heirat und durch diese Heirat verbindet er mit sich dessen Verwandte und Freunde in großer Zahl.

LERNWORTSCHATZ

rēgnāre, rēgnō, rēgnāvī, rēgnātum	als König herrschen, König sein
cognōmen, -inis *n.*	der Beiname
gener, generī *m.*	der Schwiegersohn
sepultūra, sepultūrae *f.*	das Begräbnis
favēre, faveō, fāvī, fautum + *Dat.*	jdn./etw. begünstigen, jdm. gewogen sein
paucitās, paucitātis *f.*	die geringe Zahl
indignārī, indignor, indignātus sum	etw. für unwürdig halten, sich empören
conciliāre, conciliō, conciliāvī, conciliātum	gewinnen, mit sich verbinden/verbünden
peregrīnus, -a, -um	fremd, ausländisch, auswärtig
hospitium, hospitiī *n.*	die Gastfreundschaft

ARBEITSAUFTRÄGE ZUR TEXTERSCHLIESSUNG

1 Stellen Sie zu folgenden Sachfeldern alle Ausdrücke und Informationen zusammen: a) Verwandtschaftsbeziehungen – b) politische Freundschaften – c) Klientelwesen – d) politische Mechanismen wie Wertvorstellungen, Meinungsbildung, Äußerungen der Zustimmung oder Ablehnung – e) Bündnispolitik – f) Verfassungsformen und ihre Legitimation (unter Berücksichtigung von Information 4 zu Text 3, S. 21, und Information 2 zu diesem Text) – g) Unrecht und Strafe; Gewalt, Krieg, Frieden.

2 Stellen Sie in der Reihenfolge des Textes alle Informationen zu Tarquinius Superbus zusammen. Unterscheiden Sie dabei verschiedene Erzählelemente und berücksichtigen Sie die gewählten Tempora (→ Grundwissen 3.3, S. 78–79).

ARBEITSAUFTRÄGE ZUR INTERPRETATION

3 Erläutern Sie in der Reihenfolge des Textes alle Aussagen, die die Entwicklung des Tarquinius Superbus zum Tyrannen zeigen. Beispiel:

1. socerum gener sepultūrā prohibuit	Unterdrückung der Ehrung angesehener Verwandter
2. prīmōrēsque patrum, quōs Servī rēbus fāvisse crēdēbat, interfēcit	Beseitigung führender Politiker
...	...

4 Erstellen Sie eine Charakterkurve für Tarquinius Superbus. Beispiel → S. 88

5 Arbeiten Sie heraus, wie sich Romulus (besonders in Text 3 und 6) und Tarquinius Superbus unterscheiden und ob es auch Gemeinsamkeiten zwischen ihnen gibt.

6 Stellen Sie Beispiele von Personen aus späterer und heutiger Zeit zusammen, die ein ähnliches Verhalten wie das des Tarquinius Superbus zeigen.

7 Beschreiben Sie Mittel, wie man Tyrannen verhindern kann. Gehen Sie dabei von Text 9 und Ihren Ergebnissen zu den Arbeitsaufträgen 3 und 5 aus.

8 Setzen Sie Ihre Sammlung zu den Leitfragen fort, insbesondere zu L 2–4 und 7–8 (→ S. 11).

Römische Namen

INFORMATION 1

Die Römer hatten in der Regel drei Namen: Vorname, Familienname, charakterisierender Beiname. Beispiele: **Mārcus Iūnius Brūtus**: Er stammte aus der Familie der *Iūniī*, erhielt den Vornamen *Mārcus* und später den Beinamen *Brūtus* „der Dumme", weil er sich oft als dumm verstellte. → Text 12 – **Lūcius Tarquinius Superbus**: Er stammte aus der Familie der *Tarquiniī*, hatte den Vornamen *Lūcius* und erhielt wegen seiner Arroganz den Beinamen *Superbus*.

Die römische Gesellschaft: Beziehungen untereinander

INFORMATION 2

Verwandtschaftsbeziehungen: Verwandtschaftliche Beziehungen schützen einzelne Familien vor Konkurrenz und sichern Unterstützung. Der Vater hat die *patria potestās*, er vertritt die gesamte Familie rechtlich. In frühen Zeiten hatte er auch das Recht, die Angehörigen seiner Familie zu züchtigen oder sogar zu töten. Die *familia* bestand aus dem *dominus* und der *domina*, den freien Angehörigen der Familie, die *līberī* hießen (die Kinder und im Haus wohnende Verwandte), und den unfreien Angehörigen, den Sklaven. Sklaven waren zu jeder Art von Dienst gegenüber dem Herrn verpflichtet, sogar zu sexuellen Dienstleistungen.

Politische Freundschaften: Römische Aristokratenfamilien unterhielten politische Freundschaften und unterstützten sich bei der Erringung politischer Ämter. – Seit dem 2. Jh. v. Chr. wurden sogar ganze Völker oder deren Herrscher zum *amīcus populī Rōmānī* „Freund des römischen Volkes" ernannt, sodass man auf deren Hilfe bei Kriegszügen rechnen konnte.

Klientelwesen: Angehörige unterer sozialer Schichten, z. B. Plebejer und Freigelassene, waren mit Familien der Oberklasse durch das Klientelwesen verbunden, → Grundwissen, 4.2, S. 79

Tyrann

INFORMATION 3

„Tyrann" meint eigentlich nur „Alleinherrscher", gewann aber bald die Bedeutung „Gewaltherrscher", der sich nicht an Regeln der Menschlichkeit und an keine gesetzlichen Bestimmungen hält.

10 Wer hat die treueste Ehefrau?

Die Römer führen Krieg mit den Latinern und belagern deren Stadt Ardea. Livius nennt im folgenden Text die Gründe für den Krieg, kommt dann aber auf eine Art „Schnapsidee" der Heerführer zu sprechen.

Livius, Ab urbe condita 1,57,1–11

1 Ardeam Rutulī habēbant, gēns, ut in eā regiōne atque in eā aetāte, dīvitiīs praepollēns.
Eaque ipsa causa bellī fuit, quod rēx Rōmānus cum ipse dītārī, exhaustus magnificentiā pūblicōrum operum,
2 tum praedā dēlēnīre populārium animōs studēbat,
praeter aliam superbiam rēgnō īnfēstōs etiam,
quod sē in fabrōrum ministeriīs
ac servīlī tam diū habitōs opere ab rēge indignābantur.
3 Temptāta rēs est, sī prīmō impetū capī Ardea posset.
Ubī id parum prōcessit, obsidiōne mūnītiōnibusque coeptī premī hostēs.
4 In hīs statīvīs, ut fit longō magis quam ācrī bellō, satis līberī commeātūs erant, prīmōribus tamen magis quam mīlitibus.
5 Rēgiī quidem iuvenēs interdum ōtium convīviīs cōmisātiōnibusque inter sē terēbant.
6 Forte pōtantibus hīs apud Sextum Tarquinium, ubī et Collātīnus cēnābat Tarquinius, Ēgerī fīlius, incidit dē uxōribus mentiō.
Suam quisque laudāre mīrīs modīs.
7 Inde, certāmine accēnsō, Collātīnus negat verbīs opus esse;
paucīs id quidem hōrīs posse scīrī, quantum cēterīs praestet Lucrētia sua.
„Quīn, sī vigor iūventae inest, cōnscendimus equōs invīsimusque praesentēs nostrārum ingenia?
Id cuique spectātissimum sit,
quod necopīnātō virī adventū occurrerit oculīs!"
8 Incaluerant vīnō.
„Age sānē", omnēs.
Citātīs equīs āvolant Rōmam.

3 **coeptī**: → Einleitung 6 SPR 3, S. 7 (Auslassung von *esse*)
2 **populāres, -ium** *m. Pl.: meint die Plebejer* – 3 **coeptī (sunt) premī hostēs**: *persönliches Passiv mit Infinitivergänzung, im Dt.:* man begann, die Feinde zu bedrängen; die Feinde wurden nun laufend bedrängt – 5 **laudāre**: *historischer Infinitiv, im Dt. Präteritum* → Einleitung 6 SPR 3, S. 7 – 7 **posse scīrī**: man könne wissen

1 **praepollēns, -entis**: sehr mächtig
dītārī, -or: reich werden
pūblica opera, pūblicōrum operum *n. Pl.*: die öffentlichen Bauwerke
2 **dēlēnīre, -iō**: besänftigen
populāris, -is *m.*: der Landsmann (*Angehöriger desselben Volkes*)
servīle opus, servīlis operis *n.*: die Sklavenarbeit
3 **obsidiō, -ōnis** *f.*: die Belagerung
4 **statīva, -ōrum** *n. Pl.*: das Standlager, das Standquartier *(von dem die Besatzung zu Einsatzorten geht)*
ut fit: wie es vorkommt
longō *Abl.*: weitaus, bei weitem
satis līberī commeātūs *m. Pl.*: ein ziemlich freies Kommen und Gehen
prīmōrēs, -um *m. Pl.*: die Angesehensten, die Anführer
cōmisātiō, -ōnis *f.*: das Trinkgelage
6 **pōtāre, -ō**: (*über den Durst*) trinken
et = etiam: auch
mentiō incidit dē: es kommt die Rede auf
7 **vigor, -ōris** *m.*: die Kraft
iūventa, -ae *f.*: die Jugend
invīsere, -ō: besichtigen
praesēns, -entis *prädikativ:* persönlich
nostrae, -ārum *f. Pl.*: unsere Frauen
spectātissimus, -a, -um: ganz deutlich
necopīnātus, -a, -um: unvermutet
8 **incalēscere, -ō, -caluī**: hitzig werden
age sānē!: Auf geht's! Los!
citāre, -ō, -āvī, -ātum: antreiben
āvolāre, -ō: wegfliegen

9 Quō cum prīmīs sē intendentibus tenebrīs pervēnissent,
pergunt inde Collātiam,
ubī Lucrētiam haudquāquam ut rēgiās nūrūs,
quās in convīviō luxūque cum aequālibus vīderant tempus terentēs,
sed nocte sērā dēditam lānae inter lūcubrantēs ancillās
in mediō aedium sedentem inveniunt.
Muliebris certāminis laus penēs Lucrētiam fuit.
10 Adveniēns vir Tarquiniīque exceptī benīgnē.
Victor marītus cōmiter invītat rēgiōs iuvenēs.
Ibi Sextum Tarquinium mala libīdō Lucrētiae per vim
stuprandae capit. Cum fōrma tum spectāta castitās incitat.
11 Et tum quidem ab nocturnō iūvenālī lūdō in castra redeunt.

9 **sē intendere, mē intendō**: sich zeigen
pergere, -ō: *den Weg* fortsetzen
Collātiam: *Zielakkusativ*
nūrus, -ūs *f.*: die Schwiegertochter
luxus, -ūs *m.*: der Luxus
tempus terere, -ō: Zeit vergeuden
lāna, -ae *f.*: die Wolle
lūcubrāre, -ō: bei Licht arbeiten
ancilla, -ae *f.*: die Dienerin
penes + *Akk.*: bei
10 **stuprāre, -ō**: entehren, Schande antun
spectātus, -a, -um: anerkannt
castitās, -ātis *f.*: die Keuschheit

10 **exceptī**: → Einleitung 6 SPR 3, S. 7 (Auslassung von *esse*)
9 **quō**: *relativ(isch)er Satzanschluss*: dorthin

LERNWORTSCHATZ

magnificentia, magnificentiae *f.*	die Pracht, die Großartigkeit
faber, fabrī *m.*	der Handwerker
ministerium, ministeriī *n.*	der Dienst, die Dienstleistung
indignārī, indignor, indignātus sum + *A.c.i.*	sich darüber empören, dass
commeātus, commeātūs *m.*	der Verkehr, das freie Hin- und Hergehen
incidere, íncidit, íncidit	in etw. geraten, sich ereignen, passieren
mentiō, mentiōnis *f.*	die Erwähnung
cōnscendere, cōnscendō, cōnscendī, cōnscēnsum	hinaufsteigen, auf etw. steigen
aequālis, aequāle, *Gen.* **aequālis** *m./f.*	*Adj.*: gleich, gleichaltrig; *Subst.*: *der* Altersgenosse
mulíebris, mulíebre, *Gen.* **mulíebris**	weiblich, (*in Wortzusammensetzungen:*) Frauen-
advenīre, advéniō, advēnī, adventum	ankommen
benīgnus, -a, -um	freundlich, großzügig
cōmis, cōme, *Gen.* **cōmis**	freundlich, zuvorkommend, charmant

ARBEITSAUFTRÄGE ZUR TEXTERSCHLIESSUNG

1 Verschaffen Sie sich ein erstes Textverständnis, indem Sie den Text durchlesen und
a dabei alle in den Verbformen gegebenen Informationen markieren (Text ggf. kopieren),
b auch Rückverweise in Formen von *is, ea, id* oder *hic, haec, hoc* markieren und den jeweils vorher genannten konkreten Ausdruck dazu schreiben,
c Zeitangaben markieren.

2 **a** Arbeiten Sie sodann aufgrund Ihrer Beobachtungen heraus, welche Abschnitte Handlungsdarstellungen sind und welche Beschreibungen oder Reden.
b Erstellen Sie aufgrund Ihrer Beobachtungen zu den Zeitangaben und den verwendeten Tempora eine Gliederung des Geschehensablaufs. → Grundwissen 3.3, S. 78–79

3 Gliedern Sie den Text in verschiedene Erzählelemente. → Grundwissen 3, S. 77–79

4 Stellen Sie aus dem Text Ausdrücke zu den folgenden Sachfeldern zusammen: a) Krieg – b) Reichtum, Vermögen – c) römische Gesellschaft – d) Macht – e) Arbeit – f) Luxusleben, Vergnügen – g) Empörung, Auflehnung, Besänftigung.

ARBEITSAUFTRÄGE ZUR INTERPRETATION

5 Stellen Sie alle Informationen zur Motivation der Männer zusammen, warum sie zu ihren Frauen reiten.

6 **a** Stellen Sie alle Informationen über Lucretia zusammen, die Livius in eigenem Namen gibt.
b Stellen Sie alle Informationen über Lucretia zusammen, die Livius andere Personen äußern lässt.

7 Erstellen Sie eine Charakterkurve zu Lucretia. → Beispiel S. 88

8 Benennen Sie stilistische Mittel im Text und erläutern Sie deren jeweilige Wirkung.

9 Untersuchen Sie das Frauenbild, das Livius vermittelt, und vergleichen Sie es mit Information 1.

10 Setzen Sie Ihre Sammlung zu den Leitfragen fort, insbesondere zu L 2–6 und L 8 (S. 11).

Die Frau in der römischen Gesellschaft

INFORMATION 1

Die Frau des Hauses hatte in der römischen Gesellschaft eine angesehene Stellung. Sie organisierte den Haushalt und beaufsichtigte Sklavinnen und Sklaven. Sie ist die *domina*, was Herrin über Sklaven meint, so, wie der Hausherr der *dominus* ist.

Gegenüber ihrem Ehemann (*marītus, vir*) ist sie Ehefrau (*uxor*), beide sind Ehepartner (*coniugēs*, Sg. *coniū(n)x, coniugis* m/f. „Gemahl und Gemahlin"). Es gab verschiedene Formen der Heirat: eine bei der die rechtliche Verantwortung für die Frau an den neuen Ehemann überging, eine andere, bei der die rechtliche Verantwortung in ihrer Familie, d.h. bei deren jeweiligem Oberhaupt, verblieb. Scheidungen waren möglich; dann ging die rechtliche Vertretung der Frau wieder an das Oberhaupt ihrer Familie über, wenn sie nicht schon dort lag.

Immer galt als Ideal, dass die Herrin auf ihren Ruf (*fāma*), ihre Ehrbarkeit (*honestās*), ihre Pflichterfüllung (*pietās*) und ihren Ruf als treue Ehefrau (*fidēs*) Wert legte. Diese Haltung ist in dem Wort *pudor* zusammengefasst, das „Scham, Ehrbarkeit, Achten auf den Ruf" meint.

Die rechtlichen Regelungen verhinderten nicht, dass manche Frauen größte Selbstständigkeit hatten. Dies war insbesondere in Familien der Fall, in denen Frauen versuchten, ihrer Familie und ihrem Ehemann mehr gesellschaftliche Anerkennung und mehr gesellschaftlichen Einfluss zu erkämpfen. Die gesetzlichen oder moralischen Regelungen verhinderten auch nicht, dass sich manche Frauen die gleichen Freiheiten wie ihre Männer nahmen. Insbesondere war sowohl Frauen wie Männern sexueller Genuss bei Sklaven oder Sklavinnen möglich, die als ihr Eigentum galten.

Urbild der treuen Ehefrau in der römischen Geschichte ist Lucretia (→ Texte 10 und 11).

Urbild der treuen Ehefrau im Mythos ist Penelope. Sie wartete 20 Jahre lang auf die Rückkehr ihres Mannes Odysseus. Penelope musste sich unterdessen der gierigen Freier um sie erwehren. Sie wollten Penelope heiraten und sich so der Herrschaft über die Insel Ithaka, des Reiches des Odysseus, bemächtigen. Penelope erfand angeblich einen Trick, sie hinzuhalten. Sie sagte, sie wolle sich erst dann für einen Freier entscheiden, wenn sie ein Leichentuch für ihren Schwiegervater Laertes fertig gewebt habe. Die Arbeit, die sie und ihre Mägde daran leisteten, löste sie nachts wieder auf, sodass sie nie fertig wurde. – Wer also in der Dichtung oder in Erzählungen Frauen erwähnt, die weben und Wolle spinnen, hat dabei immer das Bild der treuen Penelope im Kopf.

Lucretia

Aber Sextus Tarquinius hat nun Lucretia gesehen. Er kommt wieder in ihr Haus.

Livius, Ab urbe condita 1,58,1–11 (Fortsetzung von Text 10)

1 Paucīs interiectis diēbus Sextus Tarquinius īnsciō Collātīnō cum comite ūnō Collātiam vēnit.

2 Ubī exceptus benīgnē ab īgnārīs cōnsiliī, cum post cēnam in hospitāle cubiculum dēductus esset, amōre ārdēns, postquam satis tūta circā sopītīque omnēs vidēbantur, strictō gladiō ad dormientem Lucrētiam vēnit sinistrāque manū mulieris pectore oppressō „Tacē, Lucrētia!", inquit, „Sextus Tarquinius sum. Ferrum in manū est. Moriēre, sī ēmīseris vōcem!"

3 Cum pavida ex somnō mulier nūllam opem prope mortem imminentem vidēret, tum Tarquinius fatērī amōrem, ōrāre, miscēre precibus minās, versāre in omnēs partēs muliebrem animum.

4 Ubī obstinātam vidēbat et nē mortis quidem metū inclinārī, addit ad metum dēdecus:
Cum mortuā iugulātum servum nūdum positūrum āit, ut in sordidō adulteriō necāta dicātur.

5 Quō terrōre cum vīcisset obstinātam pudīcitiam velut vī victrīx libīdō profectusque inde Tarquinius ferōx expūgnātō décore muliebrī esset, Lucrētia maesta tantō malō nūntium Rōmam eundem ad patrem Ardeamque ad virum mittit, ut cum singulīs fidēlibus amīcīs veniant; *ita factō mātūrātōque opus esse; rem atrōcem incidisse.*

6 Spurius Lucrētius cum Pūbliō Valeriō, Volēsī fīliō, Collātīnus cum Lūciō Iūniō Brūtō venit, cum quō forte Rōmam rediēns ab nūntiō uxōris erat conventus. Lucrētiam sedentem maestam in cubiculō inveniunt.

7 Adventū suōrum lacrimae obortae, quaerentīque virō „Satin salvē?" „Minimē" inquit, „quid enim salvī est mulierī āmissā pudīcitiā? Vestīgia virī aliēnī, Collātīne, in lectō sunt tuō. Cēterum corpus est tantum violātum, animus īnsōns. Mors testis erit. Sed date dexterās fidemque haud impūne adulterō fore.

1 **īnsciō Collātīnō**: ohne dass Collatinus davon wusste
Collātiam: *Zielakk.*: nach Collatia
2 **ubī**: *relativ(isch)er Anschluss:* dort
īgnārus, -a, -um + *Gen.*: ohne Ahnung von
cubiculum, -ī *n.*: das Schlafzimmer
circā: alles ringsum
sōpītus, -a, -um: eingeschlafen
moriēre = moriēris
ēmittere, -ō, ēmīsī vōcem: einen Laut von sich geben
3 **versāre, -ō**: hin- und herwenden
4 **obstinātus, -a, -um**: hartnäckig
inclīnāre, -ō: beugen
cum mortuā: zusammen mit der Toten
iugulāre, -ō, -ātum: erwürgen
adulterium, -ī *n.*: der Ehebruch
dīcī, dīcor + *Inf.*: *persönliches Passiv mit Infinitiv-Ergänzung*: man sagt / es heißt, dass ich …
5 **quō terrōre**: durch diesen Schrecken
pudīcitia, -ae *f.*: die Ehrbarkeit, die Schamhaftigkeit
velut: gleichsam
victrīx, -īcis *f.*: siegreich, Siegerin
ferōx, -ōcis: wild entschlossen
Rōmam / Ardeam: *Zielakkusative*
vir, virī *m.*: der Ehemann
6 **cubiculum, -ī** *n.*: das Schlafzimmer
7 **suī, -ōrum** *m.*: ihre Angehörigen
oborīrī, -or, -ortus sum: hervorkommen, sich zeigen
satin salvē?: alles in Ordnung?
quid … salvī est?: was ist in Ordnung …?
pudīcitia, -ae *f.*: die Ehrbarkeit
īnsōns, īnsontis: unschuldig
impūne *Adv.*: ungestraft
adulter, adulterī *m.*: der Ehebrecher
fidem dare, dō: sein Wort geben

2 **sōpītī**, 4 **positūrum**, **necāta** → Einleitung, S. 7: 6 SPR 3 (Auslassung von *esse*)
3 **fatērī, ōrāre, miscēre, versāre**: → Einleitung, S. 8: 6 SPR 3 (historischer Infinitiv) – 5 **ita factō mātūrātōque opus esse**: so zu handeln und sich zu beeilen sei nötig

8 Sextus est Tarquinius, quī hostis prō hospite priōre nocte vī armātus mihī sibīque, sī vōs virī estis, pestiferum hinc abstulit gaudium."
9 Dant ōrdine omnēs fidem. Cōnsōlantur aegram āvertendō noxam ab coāctā in auctōrem dēlictī: *mentem peccāre, nōn corpus, et, unde cōnsilium āfuerit, culpam abesse.*
10 „Vōs", inquit, „vīderitis, quid illī dēbeātur! Ego mē, etsī peccātō absolvō, suppliciō nōn līberō.
Nec ūlla deinde impudīca Lucrētiae exemplō vīvet!"
11 Cultrum, quem sub veste abditum habēbat, eum in corde dēfīgit, prōlāpsaque in vulnus moribunda cecidit.
Conclāmat vir paterque.

8 **pestifer, -a, -um**: Verderben bringend
hinc: von hier
9 **ōrdine**: der Reihe nach
aegra animī: in der Seele krank
noxa, -ae *f.*: die Schuld
10 **vidēre, videō, vīdī**: dafür sorgen
peccātum, -ī *n.*: das Vergehen
impudīcus, -a, -um: schamlos
11 **culter, -trī** *m.*: das Messer
abditum habēre: verborgen halten
prōlābī, -or, -lāpsus sum: nach vorne fallen
moribundus, -a, -um: sterbend
conclāmāre, -ō: laut schreien

---

9 **unde cōnsilium āfuerit**: von dort, wo eine Absicht gefehlt habe – 11 **conclāmat**: *Singular: ein einstimmiges Klagen* → Einleitung 6 SPR 3, S. 8 (Constructio ad sensum)

LERNWORTSCHATZ

intericere, intericiō, interiēcī, interiectum	dazwischenstellen, einfügen
benīgnus, – a, -um	freundlich, großzügig
hospitālis, hospitāle, *Gen.* **hospitālis**	gastlich, Gast-
stringere, stringō, strīnxī, strictum	abstreifen, zücken (*eine Waffe*)
pavidus, -a, -um	ängstlich, voller Angst
minae, minārum *f.*	die Drohungen
dēdecus, dēdécoris *n.*	die Schande
sordidus, -a, -um	schmutzig
terror, terrōris *m.*	der Schrecken
victrīx, victrīcis *f.*	*Subst.*: die Siegerin; *Adj.*: siegreich
decus, décoris *n.*	der Anstand, die Ehre
atrōx, *Gen.* **atrōcis**	schrecklich, abstoßend
incidere, íncidō, íncidī	in etw. geraten, sich ereignen
maestus, -a, -um	traurig
minimē *Adv.*	keineswegs, überhaupt nicht
cōnsōlārī, cōnsōlor, cōnsōlātus sum	trösten
aeger, aegra, aegrum	krank
dēlictum, dēlictī *n.*	das Vergehen
absolvere, absolvō, absolvī, absolūtum ā + *Abl.*	befreien, freisprechen von
abdere, abdō, abdidī, abditum	verbergen
dēfīgere, dēfīgō, dēfīxī, dēfīxum	(*von oben nach unten*) hineinstoßen

ARBEITSAUFTRÄGE ZUR TEXTERSCHLIESSUNG

1 Stellen Sie nach folgendem Beispiel eine Übersicht über die genannten Handlungsträger und im Text beschriebenen Aktionen zusammen.

§	Handlungs-etappe	zeitliche Gliederung	Person	Voraktionen oder Begleitumstände	Aktion
§ 1	1	Paucīs interiectis diēbus	Sextus Tarquinius	īnsciō Collātīnō cum comite ūnō	Collātiam vēnit.
...					

2 Gliedern Sie den Text in Erzählelemente wie Handlung, Beschreibung, Rede, Kommentar des Autors (→ Grundwissen 3.3, Punkt 4, S. 78).

ARBEITSAUFTRÄGE ZUR INTERPRETATION

► **HINWEIS** Die Arbeitsaufträge 4–6 eignen sich als Themen für Referate, Präsentationen und Jahresarbeiten.

3 Wählen Sie jeweils eine der folgenden Personen aus und bearbeiten Sie zu dieser die Arbeitsaufträge a–c: Sextus Tarquinius. – Lucretia – Lucius Tarquinius Collatinus – Spurius Lucretius.

a Stellen Sie aus dem Text alle Informationen zusammen, die die Beteiligten direkt oder indirekt charakterisieren. → Grundwissen 3.3, Punkt 4, S. 78

b Erstellen Sie zu den genannten Personen Charakterkurven mit von Ihnen ausgesuchten Eigenschaften. → Beispiel, S. 88

c Erörtern Sie die Vorstellungen der beteiligten Personen zu Ehrenhaftigkeit, Keuschheit und erotischen Reizen.

4 Recherchieren Sie die Rezeption der Lucretia-Geschichte mit Hilfe des Internets und der in Information 1 angegebenen Literatur.

5 In den Informationen 2–4 sind einige Beispiele für die Rezeption der Geschichte genannt. Fassen Sie einzelne Beispiele mit eigenen Worten zusammen und diskutieren Sie: a) die Darstellung Lucretias – b) ihre Beurteilung – c) die Bewertung der Tat des Tarquinius und der Tat Lucretias – d) die Verwendung der Geschichte in verschiedenen Zusammenhängen und mit verschiedenen Zielen.

6 Stellen Sie die Bewertungen des Verhaltens Lucretias aus dem Text des Livius und den verschiedenen Rezeptionsbeispielen zusammen und vergleichen Sie sie: a) untereinander – b) mit heute möglichen Bewertungen in verschiedenen Kulturkreisen, vor allem in Ihrem eigenen.

7 Analysieren Sie die Argumentation des Augustinus (→ Information 4) und arbeiten Sie heraus: a) Änderungen an der Darstellung des Livius – b) suggestive Wortwahl und Aufstellung von Scheinalternativen – c) Ziele des Augustinus – d) Fortwirken seiner Argumentation bis heute.

8 Setzen Sie Sammlung zu den Leifragen fort, insbesondere zu L 1 und 6–8 (S. 11).

Literaturangaben zu Lucretia

INFORMATION 1

- Reinhard KLESCEWSKI: Wandlungen des Lucretia-Bildes. In: Eckard LEFÈVRE / Eckart OLSHAUSEN (Hg.): Livius. Werk und Rezeption. Festschrift für Erich Burck zum 80. Geburtstag. München 1983, S. 313–335.
- Elisabeth FRENZEL: Stoffe der Weltliteratur. Ein Lexikon dichtungsgeschichtlicher Längsschnitte. Stuttgart 1962, S. 385–389, Stichwort „Lucretia".

Die Lucretia-Geschichte bei Ovid

INFORMATION 2

Die dramatisch aufgebaute Darstellung der Vergewaltigung Lucretias hat eine immense literarische, moralgeschichtliche und sozialgeschichtliche Nachwirkung gehabt. Die zwei ursprünglichen lateinischen Fassungen gehen auf Livius und den Dichter Ovid zurück.

Ovid schreibt in seiner poetischen Darstellung des römischen Festkalenders eine offenbar von Livius herausgeforderte, sehr viel pathetischere und an die Gefühle seiner Leser appellierende Darstellung. Für den 24. Februar gedenkt Ovid Lucretias. Er beginnt mit der Tyrannis des Tarquinius Superbus und stellt sie unter das Thema *rēgis fuga* „Flucht des Königs".

In den Versen 2,721–760 schildert er den Besuch der Ehemänner bei ihren Frauen. Lucretia hat ihren Mann Collatinus lange vermisst, freut sich, sie umarmen sich. Dabei verliebt sich Tarquinius in sie. Ovid nennt das *furiālēs ignēs* „dämonische Feuer" und wiederholt sogleich: *caecō raptus amōre furit* „er rast, von blindmachender Liebe gepackt" (2,762).

Dann schildert er das heimliche Betreten des Hauses und die Vergewaltigung (2,763–810). Ovid zeigt, dass sich die Frau nicht wehren kann (*pūgnāre*), nicht schreien kann (*clāmāre*), denn sie wird mit dem sofortigen Tod bedroht, und nicht fliehen kann (*fugere*), denn der Eindringling hält sie fest gepackt. Aus Angst um ihren Ruf gibt sich Lucretia dem Tyrannensohn hin, denn wie bei Livius hat er ihr damit gedroht, einen Sklaven zu töten und vorzugeben, dieser habe mit Lucretia Unzucht getrieben.

Ovid spricht dann Sextus Tarquinius direkt an (sog. Apostrophé, Allocūtiō): „Warum freust du dich, Sieger? Dein Sieg wird dich vernichten, / Weh, wieviel musste nicht deine Königsherrschaft für eine einzige Nacht bezahlen!" (*Quid, victor, gaudēs? Haec tē victōria perdet, / heu, quantō rēgnīs nox stetit ūna tuīs!* 2,811f.)

Am Morgen benachrichtigt Lucretia Ehemann und Vater, und diese kommen. Sie kennzeichnet das, was ihr zugefügt wurde, als „Schande, Entehrung" (*dēdecus*, 826). Sie ermordet sich und bemüht sich, in einer anständigen Weise zu Boden zu sinken (*nē nōn prōcumbat honestē*, 833). Ehemann und Vater legen sich über ihren Körper. Sie stirbt.

Die Verse 813–844 stellen dar: Brutus zieht den Dolch aus der Wunde und schwört, dass Tarquinius büßen muss und sein Stamm vertrieben wird. Er schwört „dir bei deinem tapferen und keuschen Blut" (*per tibi ego hunc iūrō fortem castumque cruōrem*, 841; *cruor* ist das aus der Wunde austretende gerinnende Blut).

Verse 845–852: „Sie lag am Boden, aber auf diese Worte hin bewegte sie die Augen schon ohne Sehen, / und man sah, wie sie das Haar schüttelte und dem Gesagten zustimmte. / Getragen wird zur Beerdigung die Frau von männlichem Denken / und mit sich zieht sie im Gefolge Tränen und Hass. / Die Wunde ist leer und steht offen. Brutus setzt mit lautem Geschrei die Quiriten / in Bewegung, zählt ihnen die ruchlosen Taten des Königs auf. / Tarquinius flieht mit seiner Nachkommenschaft, ein Konsul ergreift nun jedes Jahr / die Rechtsausübung. Dieser Tag war der letzte für die Königsherrschaft."

Weitere Rezeption in Auswahl

INFORMATION 3

- **Servius** (ca. 360–420 n. Chr.), der antike Kommentator der berühmten *Aeneis* Vergils (→ Einleitung zu Text 2, S. 12), berichtet kurz die Geschichte (*Ad Vergiliī Aeneidem* 8,646) und macht aus dem Sklaven, mit dem Tarquinius droht, einen Afrikaner (Äthiopier, der Name kommt vom griechischen Aithíops, „jemand mit (von der Sonne) verbranntem Gesicht"). Auch sonst ändert er viele Einzelheiten.
- Der Geschichtsschreiber Lucius Annaeus **Florus** (2. Häfte des 2. Jhs. n. Chr.) baut in seinem Werk *Epitome* („Abriss der römischen Geschichte") 12,7–9 seine Darstellung in der Reihenfolge Vergewaltigung – Selbstmord – Vergeltung auf und arbeitet den Zusammenhang mit der Befreiung des römischen Volkes heraus.
- Der Autor **Valerius Maximus** (1. Hälfte des 1. Jhs. n. Chr.) hat eine umfangreiche Sammlung von Beispielen für gute und schlechte Eigenschaften und Haltungen verfasst: *Factorum et dictorum memorabilium libri novem* „Denkwürdige Taten und Aussprüche in neun Büchern". In Buch 6, Kapitel 1 schreibt er über *pudīcitia* und nennt Lucretia die *dux Rōmānae pudīcitiae*. Das zeigt, wie berühmt Lucretia geworden ist und wie sie als Inbild der Keuschheit und Sittsamkeit verehrt wurde.
- Der Redelehrer **Quintilian** (Marcus Fabius Quintilianus, gestorben 96 n. Chr.) hebt in seiner „Schule der Beredsamkeit" (*Institutiones oratoriae* 5,5,10) den Mut Lucretias hervor.
- Viele Anregungen, auch herunterladbare Abhandlungen, finden sich im Internet unter „Lucretia".
- Der deutsche Dichter **Gotthold Ephraim Lessing** schrieb 1756/1757 einen Entwurf zu einem Lucretia-Drama. Es sollte den Titel haben: *Das befreite Rom*. Lucretia wird zur rasenden Rächerin gegen eine unsoziale Herrschaft, wiegelt das Volk auf und ersticht sich erst dann. Lessing gab aber den Plan auf und machte stattdessen eine andere Frau, Verginia, zum Ausgangspunkt seines Dramas *Emilia Galotti*, 1772. In beiden Fällen geht es darum, dass ein Machthaber eine begehrte Frau in sein Eigentum bringen möchte. Im Fall Verginias versucht ein mächtiger Dezemvir, die abweisende Verginia zur Sklavin erklären zu lassen, was auch sexuelle Verfügbarkeit bedeutet hätte.

Die kritische Lucretia-Rezeption bei Tertullian und Augustinus

INFORMATION 4

Der christliche Autor **Tertullian** (Quintus Septimius Florens Tertullianus, ca. 160–220 n. Chr.) zeigt eine zwiespältige Haltung. Er lobt Lucretias Willen zur Einehe (Monogamie) und die bedingungslose Treue (*De monogamia*, „Die Einehe" 17; *De exhortātiōne castitātis* „Aufforderung zur Keuschheit" 13). Aber er tadelt die Ruhmsucht, die er als Hauptmotiv für Lucretias Selbstmord ansieht (*Ad martyres* „An die Märtyrer" 4).

Aurelius Augustinus (354–430 n. Chr.) aus Afrika (Thagaste in Numidien, heute Souk Ahras in Algerien), genoss eine umfassende Bildung in antiker Literatur. Er arbeitete zunächst als Rhetor (Redelehrer) in Thagaste, Karthago, Rom und Mailand, hörte in Mailand die Predigten des Bischofs Ambrosius und ließ sich 387 christlich taufen. Ab 395 war er Bischof von Hippo Regius in Numidien (heute Annaba in Algerien). Er gehört zu den wichtigen vier Kirchenlehrern der Spätantike (auch „Kirchenväter" genannt) und gilt als bedeutender Philosoph.

Augustinus vertritt offensiv die christliche Lehre gegen römische Wertvorstellungen, heidnische Religion und Götterverehrung. Dass Lucretia als mutige und ehrenhafte Römerin verehrt wird, ist ihm ein Dorn im Auge. Er beruft sich auf das Fünfte Gebot: *Nōn occīdēs* „Du wirst = du sollst nicht töten" (*Exodus* 20,13 und 16). Im Anschluss an seine Kritik an der Lucretia-Verehrung erklärt er ausdrücklich, dass es im Fünften Gebot nicht wie in anderen Geboten heiße „deinen Nächsten", sondern dass Töten grundsätzlich verboten ist, also auch das Töten der eigenen Person, der Selbstmord.

In seinem Werk „Der Gottesstaat" (*De civitate Dei* 1,19) fragt Augustinus, ob man Lucretia ehebre-

cherisch oder keusch nennen solle, und geht von der Behauptung eines Autors aus, den er nicht nennt: „Es sind zwei gewesen und einer allein hat den Ehebruch begangen" (*Duo fuērunt et adulterium ūnus admīsit*)." Das akzeptiert er zunächst: „Glänzend und sehr wahr! Er schaute nämlich bei der Vermischung zweier Körper auf die allerdreckigste Begierde des einen, auf den keuschesten Willen der anderen. Und da achtete er nicht darauf, was durch die Verbindung der Körper geschah, sondern was durch die unterschiedliche Gesinnung geschah, und sagte: ‚Es sind zwei gewesen und einer allein hat den Ehebruch begangen.'"
Dann aber fragt Augustinus überraschend, warum der Vergewaltiger Tarquinius nur mit Vertreibung bestraft, die Vergewaltigte aber „mit der größten Todesstrafe geschlachtet worden ist". Er redet fiktiv die römischen Gesetze und Richter an: „Wenn man dieses Verbrechen vor euer Gericht brächte und euch bewiesen würde, dass eine Frau nicht nur ohne Gerichtsurteil, sondern auch trotz ihrer Keuschheit und Unschuld getötet worden ist, würdet ihr dann nicht den, der das gemacht hat, mit passender Strenge bestrafen?" Nach dieser rhetorischen Frage, auf die ein „Ja" erwartet wird, lässt er die Beweisfalle zuklappen: „Das aber hat jene Lucretia getan! Ja, sie, sie, jene so hochgepriesene Lucretia hat Lucretia, obwohl sie unschuldig war, obwohl sie keusch war, obwohl sie schon Gewalt erlitten hatte, noch obendrein ums Leben gebracht. Sprecht das Urteil aus! Wenn ihr das deswegen nicht könnt, weil die nicht vor Gericht anwesend ist, die ihr bestrafen könntet: Warum rühmt ihr dann die Mörderin einer unschuldigen und keuschen Frau mit so großem Lobpreis?"
Augustinus zitiert dann Verse aus Vergils *Aeneis* (6,434f.), wo von Menschen gesprochen wird, die sich „schuldlos mit eigener Hand" den Tod gaben. Dort heißt es weiter, dass ihnen das Schicksal verwehrt, wieder an die Oberwelt zurückzukehren. Dem schließt Augustinus die folgende Vermutung an: „Oder ist sie (Lucretia) vielleicht deswegen nicht dort (an der Oberwelt), weil sie sich als einer Frau das Leben genommen hat, die nicht unschuldig ist, sondern ein schlechtes Gewissen hat? Was, wenn sie nämlich – was nur sie selbst allein wissen konnte –, auch wenn der junge Mann noch so gewalttätig sich auf sie stürzte, auch von ihrer eigenen Begierde verlockt zugestimmt hat und dann, als sie sich selbst bestrafte, über diese Verlockung so empört war, dass sie glaubte, das müsse mit dem Tod gesühnt werden?"
Das führt er weiter und spielt dabei mit den Darstellungen nicht-christlicher Autoren: „Aber sollte jenes Wort ‚Es waren zwei, doch nur einer hat Ehebruch begangen' tatsächlich nicht zutreffen, weil beide die Ehe brachen, der eine durch offene Gewalt, die andere durch heimliche Einwilligung, so hätte sie sich nicht schuldlos getötet und könnten ihre klassisch gebildeten Verteidiger nicht von ihr sagen, sie stehe in der Unterwelt bei denen, die selber den Tod sich schuldlos gaben mit eigener Hand'. So kommt man bei dieser Sachlage um eins von zweien nicht herum: Entschuldigt man den Mord, so bestätigt man den Ehebruch, bestreitet man den Ehebruch, so häuft man Schuld auf den Mord. Wohl oder übel muss man zugeben: War sie Ehebrecherin, warum rühmt man sie, war sie aber keusch, warum tötete sie sich?" (*Sī adulterāta, cur laudāta? Sī pudīca, cur occīsa?)*
Augustinus fügt anschließend das Beispiel christlicher Frauen an, die bei Christenverfolgungen vergewaltigt wurden, sich nicht den Tod gaben, sondern still duldeten. Von solchen Vergewaltigungen wird in den antiken „Märtyrerakten" berichtet, Berichten von Christen über ihre Verfolgung. Zur Zeit Augustins war die christliche Kirche bereits Staatskirche im römischen Reich und es gab keine Verfolgungen.

Brutus und die Gründung der Republik

Ca. 489 v. Chr.: Lucretia ist tot. Vater und Ehemann klagen laut. Brutus handelt.

Livius, Ab urbe condita 1,59,1–1,60,3 (Fortsetzung von Text 11)

1 Brūtus – illīs lūctū occupātīs – cultrum, ex vulnere Lucrētiae extractum, mānantem cruōre, prae sē tenēns,
„Per hunc", inquit, „castissimum ante rēgiam iniūriam sanguinem iūrō vōsque, dī, tēstēs faciō,
mē Lūcium Tarquinium Superbum cum scelerātā coniuge et omnī līberōrum stirpe ferrō, ignī, quācumque dehinc vī possim, exsecūtūrum
nec illōs nec alium quemquam rēgnāre Rōmae passūrum."

2 Cultrum deinde Collātīnō trādit, inde Lucrētiō ac Valeriō, stupentibus mīrāculō reī, unde novum in Brūtī pectore ingenium.
Ut praeceptum erat, iūrant tōtīque ab lūctū versī in īram Brūtum, iam inde ad expūgnandum rēgnum vocantem, sequuntur ducem.

3 Ēlātum domō Lucrētiae corpus in forum dēferunt concientque mīrāculō, ut fit, reī novae atque indignitāte hominēs.
Prō sē quisque scelus rēgium ac vim queruntur.

4 Movet cum patris maestitia tum Brūtus castīgātor lacrimārum atque inertium querēllārum auctorque, quod virōs, quod Rōmānōs decēret, arma capiendī adversus hostīlia ausōs.

5 Ferōcissimus quisque iuvenum cum armīs voluntārius adest.
Sequitur et cētera iuventūs.
Inde parte praeside relictā Collātiae ad portās, cūstōdibusque datīs, nē quis eum mōtum rēgibus nūntiāret, cēterī, armātī, duce Brūtō Rōmam profectī.

6 Ubī eō ventum est, quācumque incēdit armāta multitūdō, pavōrem ac tumultum facit.
Rūrsus ubī anteīre prīmōrēs cīvitātis vident, quidquid sit, haud temere esse rentur.

[1] **culter, cultrī** *m.*: das Messer
extrahere, éxtrahō, -trāxī, -tractum: herausziehen
mānāre, -ō: triefen
cruōr, -ōris *m.*: das (gerinnende) Blut
dī = deī *m. Pl.*: die Götter
quācumque … vī mit jeder möglichen Gewalt

[2] **culter, cultrī** *m.*: das Messer
stupēre, stúpeō, stupuī: staunen, verblüfft sein
mīrāculum, -ī *n.*: das Wunder

[3] **domō**: aus dem Haus
conciēre, -cíeō: erregen
mīrāculum, -ī *n.*: das Wunder
ut fit: wie das so geschieht
indignitās, -ātis *f.*: die Würdelosigkeit, die Abscheulichkeit

[4] **maestitia, -ae** *f.*: die Traurigkeit
castīgātor, -ōris *m.*: der Tadler
arma capere: zu den Waffen greifen
hostīlia, -ōrum *n. Pl.*: feindliche Aktionen

[5] **ferōcissimus quisque**: gerade die Wildentschlossen(st)en
et = etiam
praeses, praesidis: schützend, zum Schutz
nē quis: damit niemand
Rōmam: *Zielakkusativ*

[6] **quācumque** *Adv.*: überall, wo
prīmōrēs, -um *m. Pl.* **cīvitātis**: die führenden Männer des Staates
quidquid sit: egal, was es ist
quō: *relativ(isch)er Satzanschluss*: dorthin

---

5 **profectī** → Einleitung 6, SPR 3, S. 7 (Wegfall von *esse*)
1 **castissimum ante rēgiam iniūriam**: *langes Attribut zu* sanguinem: das vor der königlichen Gewalttat das reinste war – **Lūcium Tarquinium Superbum**: *die genaue Namensnennung war bei Schwüren üblich, damit auch die richtige Person verflucht wird* – 4 **Brūtus castīgātor … auctorque**: Brutus als Tadler … und als Urheber (*wovon?* → *Gen.* capiendī) – 5 **rēgibus**: *meint die Königsfamilie, d. h. König Tarquinius Superbus, seine Frau Tullia und seine Söhne*

7 Nec minōrem mōtum animōrum Rōmae tam atrōx rēs facit, quam Collātiae fēcerat.
Ergō ex omnibus locīs urbis in forum curritur.
Quō simul ventum est, praecō ad tribūnum Celerum, in quō tum magistrātū forte Brūtus erat, populum advocāvit.

8 Ibī ōrātiō habita nequāquam eius pectoris ingeniīque, quod simulātum ad eam diem fuerat, dē vī ac libīdine Sextī Tarquinī, dē stuprō īnfandō Lucrētiae et miserābilī caede, dē orbitāte Tricipitīnī, cui morte fīliae causa mortis indignior ac miserābilior esset.

9 Addita superbia ipsīus rēgis miseriaeque et labōrēs plēbis in fossās cloācāsque exhauriendās dēmersae; *Rōmānōs hominēs, victōrēs omnium circā populōrum, opificēs ac lapicīdās prō bellātōribus factōs.*

10 Indigna Servī Tullī rēgis memorāta caedēs et invecta corporī patris nefandō vehiculō fīlia;
invocātīque ultōrēs parentum dī.

11 Hīs atrōciōribusque, crēdō, aliīs, quae praesēns rērum indignitās haudquāquam relātū scrīptōribus facilia subicit, memorātīs,
incēnsam multitūdinem perpulit, ut imperium rēgī abrogāret exsulēsque esse iubēret Lūcium Tarquinium cum coniuge ac līberīs.

12 Ipse, iūniōribus, quī ultrā nōmina dabant, lēctīs armātīsque, ad concitandum inde adversus rēgem exercitum Ardeam in castra est profectus.
Imperium in urbe Lucrētiō, praefectō urbis iam ante ab rēge īnstitūtō, relinquit.

13 Inter hunc tumultum Tullia domō profugit, exsecrantibus, quācumque incēdēbat,
invocantibusque parentum furiās virīs mulieribusque.

---

9 **addita**, 10 **memorāta**, **invocātī** → Einleitung 6 SPR 3, S. 7 (Wegfall von *esse*)
7 **in quō … magistrātū**: ein Amt, in dem … *zum Tribunenamt:* → *Information 9* – 10 **invecta … fīlia**: *sog. dominantes Partizip*: dass die Tochter gefahren war – 11 **facilia relātū** *(Supinum II)*: leicht zu berichten – 12 **nōmina dare**: ihre Namen angeben, *d.h. zur Einschreibung als Soldaten in Besoldungslisten* – 13 **Tullia**: Tullia die Jüngere → Einleitung zu Text 9

7 **Rōmae; Collātiae**: *Lokative*: in Rom, in Collatia
praecō, -ōnis *m.*: der Herold, der Ausrufer
Celerēs, -um *m. Pl.*: die Schnellen → Nvz
advocāre, ádvocō, -āvī: herbeirufen

8 **ōrātiōnem habēre**: eine Rede halten
stuprum, -ī *n.*: die Vergewaltigung
īnfandus, -a, -um: unsäglich
orbitās, -ātis *f.*: der Verlust eines Verwandten

9 **miseriae, -ārum** *f. Pl.*: das Elend
fossa, -ae *f.*: der Graben, *kleinerer Abwasserkanal, der in eine Kloake führt*
cloāca, -ae *f.*: die Kloake, *größerer Abwasserkanal*
exhaurīre, -iō: ausheben
dēmergere, -ō, -mersum: versenken
opifex, opíficis *m.*: der Handwerker
lapicīda, -ae *m.*: der Steinbrucharbeiter
bellātor, -ōris *m.*: der Krieger

10 **ínvehī, -or, -vectus sum** + *Dat.*: über etw. hinwegfahren
nefandus, -a, -um: ruchlos
vehiculum, -ī *n.*: der Wagen
invocāre, ínvocō, -ātum: anrufen
ultor, -ōris *m.*: der Rächer

11 **alia, -ōrum** *n. Pl.*: anderes
rēs, rērum *f. Pl.*: die Lage, die Situation
haudquāquam *Adv.*: keineswegs
scrīptor, -ōris *m.*: der Schriftsteller
subicere, -iō: nahelegen
perpellere, -ō, pérpulī: dazu bewegen
abrogāre, -ō: verweigern

12 **iūniōrēs, -um** *m. Pl.*: jüngere Leute
ultrā *Adv.*: von sich aus, freiwillig
Ardeam: Zielakkusativ
praefectus (-ī *m.***) urbis**: der Stadtpräfekt, *Vertreter der Konsuln in deren Abwesenheit*

13 **exsecrāre, -ō**: verfluchen
quācumque: überall, wo
furia, -ae *f.*: der Rachegeist, die Furie

60,1 Die Nachricht von diesen Ereignissen kam ins Lager (*in Ardea*), und da war nun der König (*Tarquinius Superbus*) durch die neue Entwicklung schwer beunruhigt und machte sich nach Rom auf, um die Aufstandsbewegungen zu unterdrücken. Da wiederum änderte Brutus seinen Weg - er hatte ja dessen Anreise wahrgenommen -, damit er ihm nicht begegnete. Und fast zur selben Zeit, aber auf verschiedenen Wegen, kamen sie an, Brutus in Ardea, Tarquinius in Rom.

2 Tarquinius wurden die Tore verschlossen und die Verbannung wurde ihm angesagt. Den Befreier der Stadt nahm das Lager voller Freude auf und die Kinder des Königs wurden aus ihm hinausgetrieben. Zwei folgten dem Vater. Sie gingen in die Verbannung nach Caere zu den Etruskern. Sextus Tarquinius brach nach Gabiae gleichsam wie in sein eigenes Königreich auf, aber er wurde von den Rächern alter Feindschaften, die er selbst durch Morde und Raubüberfälle in Gang gebracht hatte, umgebracht.

3 Lucius Tarquinius Superbus herrschte 25 Jahre lang als König. Die Königsherrschaft hat in Rom von der Gründung der Stadt bis zu ihrer Befreiung 244 Jahre lang bestanden. Zwei Konsuln wurden dann in den Zenturiatskomitien vom Stadtpräfekten gemäß dem vorgeschlagenen Wahlverfahren des Servius Tullius ernannt, nämlich Lucius Iunius Brutus und Lucius Tarquinius Collatinus.

LERNWORTSCHATZ

castus, -a, -um	rein, keusch
stirps, stirpis *f.*	der Ursprung; die Nachkommenschaft
éxsequī, éxsequor, exsecūtus sum	verfolgen, vollstrecken, durchführen
iners, *Gen.* **inertis**	nutzlos, träge, ungeschickt
querella, -ae / querēla, -ae *f.*	die Klage
voluntārius, -a, -um	freiwillig
pavor, pavōris *m.*	die Angst, der Schrecken
miserābilis, miserābile, *Gen.* **miserābilis**	beklagenswert
exhaurīre, exháuriō, exhausī, exhaustum	ausschöpfen, leeren
exul, *Gen.* **exulis**	nicht in der Heimat lebend; verbannt
armāre, armō, armāvī, armātum	bewaffnen, ausrüsten
concitāre, cóncitō, concitāvī, concitātum	bewegen, in Bewegung setzen
profugere, profugiō, profūgī, profugitum	fliehen, davonlaufen

ARBEITSAUFTRÄGE ZUR TEXTERSCHLIESSUNG

1 Gliedern Sie den Text anhand der Zeitangaben (Adverbien, Gliedsätzen, Participia coniuncta und Ablativi absoluti). Berücksichtigen Sie dabei, dass in den verschiedenen Erzählelementen unterschiedliche Tempusverwendungen gelten. → Grundwissen 3.3, S. 78–79

ARBEITSAUFTRÄGE ZUR INTERPRETATION

2 Vergleichen Sie die Vorwürfe des Brutus gegenüber Tarquinius Superbus mit dem in den Texten 9–12 dargestellten Verhalten des Tarquinius Superbus und mit Information 2 zu Text 12.

3 Analysieren Sie die Redetechniken und Argumentationsweisen, die Brutus anwendet, um sein Publikum zu überzeugen oder zu überreden.

4 Einzelpersonen und Massen machen Geschichte. Belegen Sie deren Zusammenspiel aus dem Text.

5 Ordnen Sie den Oberbegriffen *mores* und *artes* jeweils die im Text genannten Eigenschaften und Handlungen des Brutus und Lucretias zu.

6 Setzen Sie Ihre Sammlung zu den Leitfragen fort, insbesondere zu L 3, 4, 6 (S. 11).

Tribunen

INFORMATION 1

Ein Tribun (lat. *tribūnus, -ī m.*) ist zunächst der gewählte Führer einer der drei Tribus, in die das römische Volk eingeteilt ist. Er vertritt seine Leute in allen politischen, religiösen und militärischen Fragen und Entscheidungen; der Führer der *Celerēs* (→ Nvz) ist der Vorsitzende der anderen beiden Tribunen. Im engeren Sinn bezeichnet das Wort Tribun Ämter verschiedener Art, die meist keinen Zusammenhang mehr mit dem Begriff Tribus erkennen lassen.

1. *tribūnus mīlitum* „Kriegstribun": Zusammen mit einem Kollegen Führer einer Legion für je zwei Monate; jede Legion hatte daher jährlich sechs Tribunen.
2. *tribūnī mīlitum cōnsulārī potestāte* „Kriegstribunen mit der Amtsgewalt eines Konsuls": So hieß ein Gremium aus Vertretern der Patrizier und der Plebs, das in den Jahren 444–366 v. Chr. oft statt der beiden Konsuln Rom regierte.
3. *tribūnī plēbis* oder einfach nur *tribūnī*: Volkstribunen, die seit 494 v. Chr. von der Plebs gewählt wurden und deren Schutzherrn und Schutzbeamten waren.

Das Abwassersystem Roms

INFORMATION 2

Der Text schildert Zustände des Jahres 489 v. Chr. Die fünf unterirdischen Abwasserkanäle bzw. Kloaken (*cloāca, -ae f.*) wurden erst später gebaut. Die *cloāca maxima* mündete zwischen zwei Brücken in den Tiber. Der Anschluss privater Häuser an das Frisch- und Abwassersystem kostete Gebühren. Der Abfall, d. h. Essensreste und Fäkalien, wurde auch in der Zeit des Livius noch oft aus Häusern, die nicht ans öffentliche System angeschlossen waren, abgeholt und in Abwassergräben (*fossa, -ae f.*) gekippt. Diese waren und sind heute noch Anziehungspunkt für Ratten und stinken. Die Reinigung der Abwassergräben dient also der Hygiene und Vermeidung von Seuchengefahr.

In der geschilderten Zeit von 489 v. Chr. gab es noch nicht das Sklavensystem, das wir aus späterer Zeit kennen. Viele Kriegsgefangene wurden versklavt und verrichteten als Staatssklaven oder in Privathäusern niedrige Arbeiten, aber auch höhere wie Schulunterricht, Kindererziehung, Schreiben, Sekretärsdienste, ärztliche Hilfe. Als die Plebs später verarmte, war sie oft in denselben Berufen tätig wie die Sklaven.

In unserem Text geht es aber nicht um eine verarmte Plebs, sondern darum, dass alle Römer auch „niedrige" Arbeiten erledigen mussten, die auch heute erledigt werden müssen, aber sozial anerkannt werden, weil man weiß, dass ohne sie die Zivilisation zusammenbräche.

Der Mann mit der eisernen Hand

Der letzte König Roms war der Überlieferung nach Tarquinius Superbus (534–509 v. Chr.). Er wurde von den Römern unter Führung des Brutus vertrieben. Im Jahr 507 v. Chr. belagerte Porsenna, der König von Clusium, Rom. Ob er dies tat, um den vertriebenen Tarquinius Superbus wiedereinzusetzen, ist fraglich. Ebenso fraglich ist, ober er selbst der letzte und damit achte König in Rom war, wie andere Historiker behaupten.
Die Niederlage Roms (vorausgesetzt, Porsenna wurde kurzfristig König in Rom) oder die gerade noch vermiedene Niederlage (wenn man Livius folgt) wurde durch Legenden ausgeschmückt. Sie zeigen aus späterer Sicht die Verteidigung der Republik durch die Römer und demonstrieren römisches Selbstverständnis. Zu diesen Legenden gehören auch die Geschichten von Mucius Scaevola und von Cloelia. Sie sind Beispiele für die Umformung von Sagen- und Mythenmotiven in Geschichte oder für die Erhöhung eines geschichtlichen Ereignisses zu einem nationalen Mythos.

13.1 Mucius will den feindlichen König Porsenna töten

Livius, Ab urbe condita 2,12,1–16

1 Die Belagerung (Roms) bestand trotzdem weiter und ebenso der Mangel an Getreide zusammen mit sehr hohem Preisanstieg. Und durch Fortsetzung der Belagerung die Stadt zu erobern: Diese Hoffnung hatte Porsenna immer noch.

2 Da hielt es Gaius Mucius, ein junger Mann aus adligem Stand, für unter römischer Würde, dass das römische Volk in der Zeit seiner Versklavung, nämlich als es unter Königen stand, in keinem Krieg und von keinen Feinden belagert worden war, dass aber genau dieses jetzt als freies Volk von genau den Etruskern belagert wurde, deren Heere es oft vernichtend geschlagen hatte.

3 Und so meinte er, durch irgendeine große und riskante Tat müsse man gegen diese empörende Situation einschreiten, und zuerst beschloss er, auf sich allein gestellt ins Lager der Feinde einzudringen.

4 Dein metuēns, nē,
sī cōnsilium iniussū et īgnārīs omnibus īret,
forte dēprehēnsus ā cūstōdibus Rōmānīs retraherētur
ut trānsfuga,
fortūnā tum urbis crīmen adfīrmante, senātum adit.
5 „Trānsīre Tiberim", inquit, „patrēs, et intrāre, sī possim,
castra hostium volō,
nōn praedō nec populātiōnum in vicem ultor;
māius, sī dī iuvant, in animō est facinus."
Adprobant patrēs.
Abditō intrā vestem ferrō proficīscitur.
6 Ubī eō vēnit, in cōnfertissimā turbā prope rēgium tribūnal
cōnstitit.

4 **dein** = deinde: dann
iniussū: ohne Befehl, ohne Auftrag
īgnārīs omnibus: ohne dass alle davon wussten
retráhere, rétrahō: zurückschleppen
5 **populātiō, -ōnis** *f.*: die Plünderung
ín vicem: im Wechsel, zur Vergeltung
ultor, -ōris *m.*: der Rächer
(mihī) in animo est: ich habe im Sinn
adprobāre, ádprobō: zustimmen
dī = deī: die Götter
6 **tribūnal, -ālis** *n.*: die Tribüne; der hohe Sessel

4 **fortūnā ... adfīrmante**: wobei damals die Lage der Stadt einen solchen Verdacht bestärkte –
5 **patrēs, -um** *m. Pl.*: die „Väter", *d. h. die Senatoren*

7 Ibi cum stipendium mīlitibus forte darētur
et scrība cum rēge sedēns parī ferē ōrnātū
multa ageret
eumque mīlitēs volgō adīrent,
timēns scīscitārī, uter Porsinna esset,
nē īgnōrandō rēgem sēmet ipse aperīret,
quis esset,
quō temere trāxit fortūna facinus,
scrībam prō rēge obtruncat.

Dort wurde gerade den Soldaten der Sold ausgezahlt, und ein Schreiber saß beim König in fast demselben Prachtgewand und war ganz geschäftig, und die Soldaten wandten sich durchgängig an ihn; er aber hatte Angst, sich zu erkundigen, wer von beiden Porsenna ist; er wollte nicht dadurch, dass er nicht wusste, wer der König ist, selbst verraten, wer er war. Dadurch waltete das Schicksal blindlings über die Tat. Er erdolcht den Schreiber statt des Königs.

8 Vādentem inde, quā per trepidam turbam
cruentō mucrōne sibī ipse fēcerat viam,
cum – concursū ad clāmōrem factō –
comprehēnsum rēgiī satellitēs
retrāxissent,
ante tribūnal rēgis dēstitūtus, tum quoque
inter tantās fortūnae minās metuendus
magis quam metuēns,

Danach geht er dort, wo er sich durch die aufgeregte Menge mit seiner blutbeschmierten Schwertspitze selbst einen Weg gebahnt hatte, aber da gab es bei großem Geschrei einen Auflauf, er wurde ergriffen und die Leibwächter des Königs schleppten ihn zurück. Vor den Thron des Königs wurde er hingestellt, auch dann bei so gewaltigen Drohungen des Schicksals mehr furchterregend als in Furcht.

9 „Rōmānus sum", inquit, „cīvis. Cāium
Mūcium vocant.
Hostis hostem occīdere voluī, nec ad
mortem minus animī est, quam fuit
ad caedem.
Et facere et patī fortia Rōmānum est.
10 Nec ūnus in tē egō hōs animōs gessī.
Longus post mē ōrdō est idem petentium
decus.
Proinde in hoc discrīmen, sī iuvat,
accingere,
ut in singulās hōrās capite dīmicēs tuō,
ferrum hostemque in vestibulō habeās
rēgiae.
Hoc tibī iuventūs Rōmāna indīcimus
bellum.
11 Nūllam aciem, nūllum proelium timueris;
ūnī tibī et cum singulīs rēs erit."
12 Cum rēx, simul īrā īnfēnsus perīculōque
conterritus, circúmdarī
ignēs minitābundus iubēret, nisī
exprōmeret properē, quās īnsidiārum sibī
minās per ambagēs iaceret,

10 **animōs gerere, -ō, gessī**: eine Gesinnung haben
– 12 **īnsidiārum**: *erläuternder Gen. obiectivus zu* minās: Drohungen von *oder* über…

9 **Cāium Mūcium vocant**: *ohne* mē
hostis: als Feind
minus animī: weniger (an) Entschlossenheit

10 **si iuvat**: wenn es gefällt
accingī, -or + *Akk.*: sich zu etwas rüsten
accingere: *Imperativ I*
in singulās hōrās: jede einzelne Stunde
capite dīmicāre, -ō: um seinen Kopf kämpfen
vestibulum, -ī *n.*: die (*allen sichtbare*) Vorhalle, der Vorplatz

11 **timúeris**: fürchte jetzt
rēs est + *Dat. bzw. cum* + *Abl.*: es mit jdm. zu tun haben

12 **īnfēnsus, -a, -um**: aufgebracht
conterrēre, -térreō, -territum: heftig erschrecken, in Panik versetzen
minitābundus, -a, -um: drohend
exprōmere, -ō: an den Tag legen, offenlegen
properē *Adv.*: eilig, umgehend
īnsidiae, -ārum *f. Pl.*: die Anschläge, der Hinterhalt
minās iácere, -iō.: Drohungen ausstoßen
per ambagēs: in Andeutungen

13 „En tibī", inquit, „ut sentiās, quam vīle corpus sit iīs, quī magnam glōriam vident" dextramque accēnsō ad sacrificium foculō inicit.
Quam cum velut aliēnātō ab sēnsū torrēret animō,
prope attonitus mīrāculō rēx cum ab sēde suā prōsiluisset
āmovērīque ab altāribus iuvenem iussisset,
14 „Tū vērō abī", inquit, „in tē magis quam in mē hostīlia ausus.
Iubērem macte virtūte esse, sī prō meā patriā ista virtūs stāret.
Nunc iūre bellī līberum tē, intāctum inviolātumque hinc dīmittō."
15 Tunc Mūcius, quasi remūnerāns meritum, „Quandō quidem", inquit, „est apud tē virtūtī honōs,
ut beneficiō tuleris ā mē, quod minīs nequīstī:
trēcentī coniūrāvimus prīncipēs iuventūtis Rōmānae,
ut in tē hāc viā grassārēmur.
16 Mea prīma sors fuit.
Cēterī, ut cuiusque ceciderit prīmī, quoad tē opportūnum fortūna dederit, suō quisque tempore aderunt."

[13] **ēn tibī**: da, für dich; schau her
foculus, -ī *m.*: das Kohlebecken
inicere, -iciō: hineinlegen
torrēre, tórreō: rösten, braten
attonitus, -a, -um: vom Donner gerührt, überwältigt, erschüttert
prōsilīre, -iō, -siluī: aufspringen
āmovēre, āmóveō: wegbringen, fortreißen
altāria, -ium *n. Pl.*: der *auf den Altarblock aufgesetzte* Opferherd
[14] **hostīlia, -ium** *n. Pl.*: die Feindseligkeiten
intāctus, -a, -um: unberührt
inviolātus, -a, -um: unverletzt
[15] **remūnerārī, -or**: danken für
quandō quidem: da jedenfalls
trēcentī, -ōrum: dreihundert
grassārī, -or in *+ Akk.*: losgehen auf
[16] **sors cadit, cecidit**: das Losstäbchen fällt (*aus einem geschüttelten Korb*) zu Boden
opportūnum dare, dō, dedī: als günstiges Los zuteilen

14 **iubērem macte virtūte esse**: Ich würde befehlen, dass du für deine Tatkraft verherrlicht bist – **stāre prō** *+ Abl.*: auf jds. Seite stehen, für jdn. eingesetzt werden – **iūre bellī līber**: befreit vom Kriegsrecht, *das die Versklavung, Bestrafung, Tötung von Feinden und Attentätern erlaubte* – 15 **ferre, ferō, tulī**: bekommen; *Objekt ist* quod … nequīstī – 16 **ut cuiusque ceciderit prīmī**: wie es (das Los) für den jeweils Ersten fällt (*eigentlich:* aus dem Gefäß mit Losstäbchen auf den Boden fällt); ceciderit: Futur II

LERNWORTSCHATZ

dēprehendere, dēprehendō, dēprehendī, dēprehēnsum	ergreifen, ertappen, festnehmen
trānsfuga, trānsfugae *m.*	der Überläufer
praedō, praedōnis *m.*	der Räuber, der Beutejäger, der Plünderer
ábdere, abdō, ábdidī, ábditum	verbergen, verstecken
cōnfertus, -a, -um	zusammengedrängt
discrīmen, discrīminis *n.*	die Gefahr, das Risiko
rēgia, rēgiae *f.*	der Königspalast
indīcere, indīcō, indīxī, indictum	ankündigen
vīlis, vīle, *Gen.* **vīlis**	unwichtig, wertlos
sacrificium, sacrificiī *n.*	das Opfer
inicere, iniciō, iniēcī, iniectum	hineinwerfen, hineinlegen, einflößen
minae, minārum *f. Pl.*	die Drohungen
nequīre, nequeō, nequīvī *oder* **néquiī**	nicht können
coniūrāre, coniūrō, coniūrāvī, coniūrātum	sich verschwören

Arbeitsaufträge zur Texterschliessung und Interpretation → Text 14, S. 66f.

13.2 Porsenna gibt die Besetzung römischen Gebiets auf

Livius, Ab urbe condita 2,13,5

Patrēs Cāiō Mūciō virtūtis causā trāns Tiberim agrum dōnō dedēre, quae posteā sunt „Mūcia prāta“ appellāta.

Die Väter gaben Gaius Mucius wegen seines Einsatzes jenseits des Tibers ein Stück Land zum Geschenk, das später „Muciuswiesen“ genannt wurde.

Abb. 11: Peter Paul Rubens und Anthonis van Dyck: Mucius Scaevola vor Lars Porsenna (vor 1628 entstanden). Budapest, Museum der Bildenden Künste

Die Hand im Feuer

INFORMATION 1

- Medizinisch könnte die Erklärung für die Schmerzunempfindlichkeit des Mucius in einer Rückenmarkserkrankung (Syringomyelie), psychologisch im Masochismus zu finden sein. Livius erwähnt nicht den Schmerz, sondern lässt Mucius von der Verachtung des Körpers sprechen. Porsenna bezeichnet sie als Autoaggression. In seinem Werk *Facta et dicta memorabilia* („Denkwürdige Taten und Aussprüche") 3,3,1 reiht Valerius Maximus (1. Jh. n. Chr.) die Tat unter die Beispiele für *patientia* ein.
- Nachahmer fand Mucius in Jean-Jacques Rousseau (1712–1778), wie dieser in seinen „Bekenntnissen", Buch 1 (*Les Confessions*, verfasst 1765–1770, erstmals erschienen in Genf 1782) darstellt. „Er wurde bei der Lektüre klassischer Autoren so sehr von der Willenskraft und Unerschrockenheit der Exempla ergriffen, dass er seine Hand über ein Kohlebecken hielt, um die Handlungsweise Mucius Scaevolas zu veranschaulichen."
  Michael SOËTARD: Jean-Jacques Rousseau, Leben und Werk. München: Beck 2012, S. 12.
- Auch Friedrich Nietzsche soll bei einer Diskussion über Mucius Scaevolas Selbstüberwindung Ähnliches getan haben: Er entzündete eine Handvoll Streichhölzer und hielt sie unter seine ausgestreckte Handfläche.
  Roger KIMBALL: The Legacy of Friedrich Nietzsche. In: The New Criterion, Vol. 10, Sept. 1991, S. 28 (mit Berufung auf den Nietzsche-Biografen Ronald Hayman).
- Einer der Hauptverantwortlichen für die Watergate-Abhöraffäre des USA-Präsidenten Richard Nixon, G. Gordon Liddy, legte bei einer Dinnerparty seine Hand auf eine leichte Flamme, bis sein Fleisch verbrannte. Er wurde gefragt „What is the trick?" Er antwortete: „The trick is not minding." Im Gefängnis nutzte er seine Fähigkeit, die Hand ins Feuer zu halten, um andere Gefangene einzuschüchtern. Die Szene wurde auch verfilmt.
  Carl BERNSTEIN / Bob WOODWARD: All the President's Men. New York 1974 (über die Watergate-Affäre).
- Im Internet finden sich viele Tätowiervorlagen, die Mucius rühmen.

Cīvis Rōmānus sum

INFORMATION 2

Der Satz wurde erstmals von Cicero geprägt (*Rede gegen Verres*, Actio 2, Rede 5, § 137). Der Apostel Paulus verwendet den Satz, um seine bürgerlichen Rechte als Römer zu betonen (*Apostelgeschichte 22,25*).

Der frühere Präsident der USA, John F. Kennedy, verwendet den Satz in einer Rede in New Orleans anlässlich von Rassenkonflikten und dann in abgewandelter Form in seiner berühmten Rede vor dem Rathaus Schöneberg in Berlin als Solidarisierung mit den Berlinern nach dem Bau der Berliner Mauer 1961 und dem Aufstand der DDR-Bürger vom 17. Juni 1963: „Ich bin ein Berliner". Er hatte den Satz in Umschrift auf eine Karteikarte geschrieben (→ Abb. 12) – Weiteres im Internet unter „Civis Romanus sum".

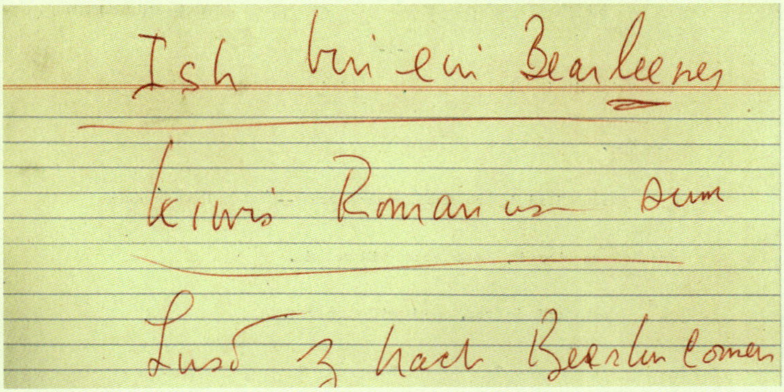

Abb. 12: John F. Kennedys Merkzettel für seine Rede vor dem Rathaus Schöneberg in Berlin 1963

Seneca (*Epistulae ad Lucilium* 24) über Mucius Scaevola

INFORMATION 3

In seinem Brief 24 geht der Philosoph und Staatsmann Seneca davon aus, dass dem Adressaten in einem politischen Prozess die Verurteilung zum Tod droht. Er will ihm die Angst vor dem Tod nehmen. Man müsse sich immer wieder die größtmöglichen Leiden vor Augen führen und sich so auf sie vorbereiten. Er erwähnt viele historische Beispiele dafür, dass Menschen keine Angst vor dem Tod hatten. Darunter sind Sokrates und der Caesargegner Cato, der Jüngere, aber auch Mucius Scaevola. Über ihn schreibt Seneca (*Epistula* 24,5 in einer sehr textnahen Übersetzung): „Mucius hat seine Hand ins Feuer gelegt. Es ist schmerzvoll, verbrannt zu werden. Um wie viel schmerzvoller, wenn du das selbst veranlasst und an dir geschehen lässt! Du siehst, wie ein Mensch, der nicht gebildet war und nicht mit irgendwelchen Lehren gegen Tod oder Schmerz bewaffnet war, sondern nur mit der Robustheit eines Soldaten ausgestattet war, von sich selbst Bestrafung für ein erfolgloses Unternehmen forderte! Er stand da als Zuschauer, wie seine rechte Hand nach und nach ins Feuerbecken des Feindes hinabtropfte, und er zog die Hand, obwohl sie bis auf die nackten Knochen wegfloss, nicht eher zurück, als bis ihm das Feuerbecken vom Feind entzogen worden ist. Er hätte in diesem Lager etwas Erfolgreicheres tun können, aber nichts Mutigeres. Sieh doch (gemeint ist der angeredete Freund), um wieviel entschiedener der tugendhafte Einsatz (*virtus*) ist, Gefahren auf sich zu nehmen, als es die Grausamkeit (gemeint: die eines grausamen Herrschers wie Nero) ist, Gefahren über andere zu bringen. Porsenna hat mit größerer Leichtigkeit Mucius verziehen, dass er ihn hatte ermorden wollen, als Mucius sich selbst verziehen hat, dass er nicht den Mord ausgeführt hatte."
(Für ein Referat über die übersetzte Stelle empfiehlt es sich, den ganzen Brief in einer Übersetzung zu lesen.)

Mucius Scaevola und Cloelia im Film

INFORMATION 4

Die Geschichte von Mucius Scaevola und Cloelia ist nur einmal verfilmt worden: *Il colosso di Roma*, Italien 1964 (deutsch: *Titan mit der eisernen Faust)*, Regie: Giorgio Ferroni. Mucius: Gordon Scott. – Der Film steht in einer Reihe mit anderen Filmen, die in den 60er Jahren die Rühmung der frühen Republik mit dem publikumswirksamen Einsatz von Bodybuildern und weiblichen Schönheiten verbanden. Sie appellieren an die Schaulust in einem katholischen Italien, an die Unzufriedenheit vieler Italiener mit einer zersplitterten Parteienlandschaft mit häufig wechselnden Regierungskrisen – in den Jahren 1963 und 1964 gab es allein drei Regierungen – bzw. an das Nationalbewusstsein. Die Filme konnten an frühere Größe und an den Kampf um Eintracht erinnern. Obwohl viele dieser Filme keinen hohen künstlerischen Anspruch haben oder erreichen können, sind sie von unübertrefflicher optischer Anschaulichkeit, was berühmte Örtlichkeiten und Ereignisse in Rom angeht, z. B. die Gründung Roms, den Zweikampf von Romulus und Remus, die Vertreibung der Tarquinier, Kampfszenen, Helden der Vorzeit und Gegner Roms in der Zeit der Republik.

Cloelia

Nach der öffentlichen Ehrung des Mucius wird eine Frau aktiv.

Livius, Ab urbe condita 2,13,6–11 (Der Text schließt unmittelbar an Text 13.2 an.)

6 Ergō – ita honorātā virtūte – fēminae quoque ad pūblica decora excitātae et Cloelia, virgō ūna ex obsidibus, cum castra Etruscōrum forte haud procul rīpā Tiberis locāta essent, frūstrāta cūstōdēs, dux agminis virginum inter tēla hostium Tiberim trānāvit sospitēsque omnēs Rōmam ad propinquōs restituit.

6 **honorāre, -ō**: ehren
pūblica decora *n. Pl.*: die ehrenvollen Taten für den Staat
trānāre, -ō + *Akk.*: schwimmen durch
sospes, sospitis: unversehrt

7 Quod ubī rēgī nūntiātum est, **prīmō** incēnsus īrā ōrātōrēs Rōmam mīsit ad Cloeliam obsidem dēpōscendam; *aliās haud magnī facere.*

7 **Rōmam**: nach Rom
magnī facere: für wertvoll halten

8 **Deinde** in admīrātionem versus suprā Coclitēs Mūciōsque dīcere id facinus esse et prae sē ferre, quemadmodum, sī nōn dēdātur obses, prō ruptō foedus sē habitūrum, sīc dēditam inviolātamque ad suōs remissūrum.

8 **prae sē ferre**: sich darüber auslassen
quemadmodum ... sīc: zwar ... aber
prō ruptō habēre, -eō, -uī, -itum: als gebrochen ansehen
intāctus, -a, -um: unversehrt
inviolātus, -a, -um: unverletzt, *d.h. nicht vergewaltigt*

9 Utrimque cōnstitit fidēs: **Et** Rōmānī pignus pācis ex foedere restituērunt **et** apud rēgem Etruscum nōn tūta sōlum, sed honorāta etiam virtūs fuit laudātamque virginem parte obsidum sē dōnāre dīxit; *ipsa, quōs vellet, legeret.*

Auf beiden Seiten blieb die Vertragstreue fest: Die Römer gaben das Unterpfand für den Friedensvertrag gemäß dem Vertrag zurück, und ebenso stand bei dem Etruskerkönig die Verkörperung der Leistung für den Staat nicht nur unter Schutz, sondern wurde sogar geehrt, und er pries das Mädchen und sagte, er schenke ihr einen Teil der Geiseln. Sie selbst solle die Geiseln, die sie wünsche, aussuchen.

10 Productīs omnibus ēlēgisse impubēs dīcitur, quod **et** virginitātī decōrum **et** cōnsēnsū obsidum ipsōrum probābile erat eam aetātem potissimum līberārī ab hoste, quae maximē opportūna iniūriae esset.

Alle wurden vorgeführt, und sie suchte, heißt es, die (jungfräulichen) Mädchen aus. Denn es war sowohl für ihre Jungfräulichkeit ehrenhaft als auch nach übereinstimmendem Urteil der Geiseln selbst akzeptabel, dass gerade das Alter am ehesten vom Feind befreit wurde, das für Unrecht die günstigste Gelegenheit bietet.

11 Pāce redintegrātā Rōmānī novam in fēminā virtūtem novō genere honōris, statuā equestrī, dōnāvēre: In summā Sacrā viā fuit posita virgō īnsīdēns equō.

11 **novam in fēminā virtūtem**: die Leistung, die bei einer Frau neu war
statua equestris, statuae equestris *f.*: das Reiterstandbild
īnsidēre, -sīdeō + *Dat./Abl.*: sitzen auf

8 **Coclitēs Mūciīque**: Leute wie Cocles und Mucius – **dīcere; prae sē ferre**: *historische Infinitive* → Einleitung 6 SPR 3, S. 8

LERNWORTSCHATZ

frūstrārī, frūstror, frustrātus sum	täuschen
dēpōscere, dēpōscō, dēpōscī	fordern, verlangen
admīrātiō, admīrātiōnis *f.*	die Bewunderung
redintegrāre, redíntegrō, redintegrāvī, redintegrātum	wiederherstellen, erneuern

ARBEITSAUFTRÄGE ZUR TEXTERSCHLIESSUNG (zu den Texten 13.1 und 14)

1 **a** Gliedern Sie die Texte Satz für Satz kolometrisch und geben Sie die einzelnen Kola möglichst genau (ohne ein Wort auszulassen) als eigene Sätze wieder. Oder:
b Gliedern Sie die Texte in Abschnitte. Berücksichtigen Sie dabei Erzählelemente wie Bericht und Rede und den Personenwechsel und paraphrasieren Sie den Inhalt der einzelnen Abschnitte.
c Untersuchen Sie die Texte auf ihren Inhaltsfortschritt, indem Sie von 2,12,1–2 ausgehend zusammenstellen: Überlegungen, Affekte, Handlungen a) Porsennas, b) des Mucius, c) Cloelias.

Beispiel:

Porsenna	Mucius	Cloelia
spem habebat	cui indignum videbatur	feminae excitatae
...	...	...
...	adit	...
...	...	...

ARBEITSAUFTRÄGE ZUR INTERPRETATION (zu den Texten 13.1 und 14)

2 **Art der Sätze**:
a Stellen Sie aus den gefundenen Abschnitten jeweils zusammen, an welchen Stellen die Sätze kurz sind (einfache Hauptsätze oder wenig Gliedsätze).
b Stellen Sie ebenso zusammen, wo die Sätze lang, kompliziert und reich an Gliedsätzen sind.
c Erstellen Sie zu einzelnen längeren Sätzen Satzabbildungen und Satzverlaufsbeschreibungen, z. B. zu Text 13: 2,12,1–2; 3–4; 7; 8; 12–13; zu Text 14: 13,2–3; 6; 8; 9. (→ Wie man Sätze und Texte erschließt, 2, S. 83–87)
d Untersuchen Sie, welche Absicht der Autor mit dem jeweiligen Satzbau verfolgt.

3 Übersetzen Sie Teile des Textes auf verschiedene Weise, einmal in normalem Deutsch, einmal mit dem Versuch, die lateinische Wortstellung entweder nachzuahmen oder mit anderen Mitteln wiederzugeben, z. B. durch hervorhebende Zusätze. Vergleichen Sie die verschiedenen Übersetzungen und erörtern Sie ihre Vor- und Nachteile.

4 Charakterisierungen

a Untersuchen Sie, wie Mucius, Cloelia und Porsenna in den Texten 13.1 und 14 durch Äußerungen oder Handlungen charakterisiert werden. Überprüfen Sie dabei die Richtigkeit ihrer Äußerungen.

b Vergleichen Sie die Darstellung des Mucius (Text 13.1) mit der Darstellung Cloelias (Text 14).

c Vergleichen Sie Ihre Ergebnisse mit denen Ihrer Mitschülerinnen und Mitschüler und nehmen Sie dazu Stellung.

d Erklären Sie folgende Einzelheiten im Verhalten des Mucius: a) die Rückbindung an den Senat – b) den Spruch *Civis Romanus sum* in der Fassung des Livius *Rōmānus sum cīves* – c) die Hand im Feuer. – Vergleichen Sie diese Einzelheiten mit den Informationen 1 und 2 zu Text 13.1 und 13.2.

e Vergleichen Sie die Charakterisierung des Mucius, die Seneca in seinem Brief 24,5 vornimmt (→ Information 3 zu Text 13.1 und 13.2), mit Ihren Ergebnissen zu Arbeitsauftrag 4a.

5 Lesen und Darstellen

a Lesen Sie die Texte vor, am besten mit verteilten Rollen (Autor, Mucius, Porsenna).

b Erarbeiten Sie eine szenische Darstellung, die begleitend zum Vorlesen des Textes erfolgen kann.

c Erörtern Sie, wie bei Rezitation und szenischer Darstellung die Abschnitte 13,7–8 und 13,10 (in Text 14) zu berücksichtigen sind, z.B. umgeschrieben in direkte Rede oder vorgetragen durch einen anderen Sprecher als den Haupterzähler.

6 Text-Bild-Vergleich

Vergleichen Sie die Abb. 11 mit dem im Text 13.2 geschilderten Geschehen. Suchen Sie weitere passende Gemälde und Statuen im Internet und ziehen Sie auch diese zum Vergleich heran. Untersuchen Sie dabei,

a welchen Aspekt oder Moment des Geschehens der Autor und welchen der darstellende Künstler jeweils zum Ausgangspunkt seiner Darstellung macht,

b wie der Autor und wie der Maler bestimmte Details erwähnt, anordnet, akzentuiert,

c wie der Autor und wie der Maler durch Ausführlichkeit oder Knappheit, durch besondere Wortwahl oder besonderen Satzbau oder durch besondere Beleuchtung und Farbgebung bestimmte Aspekte und Details hervorhebt,

d wie jeweils der Leser und der Betrachter gelenkt werden.

7 Text-Film-Vergleich

Film: *Il Colosso di Roma / Der Titan mit der eisernen Faust*, Italien 1964. → Information 4 zu Text 13.1 und 13.2

a Erarbeiten Sie eine ausführliche Inhalts- und Ablaufsdarstellung des Films.

b Arbeiten Sie sogenannte typische, zu erwartende Elemente eines Sandalenfilms und eher individuelle, unerwartete Elemente dieses Films heraus.

c Wählen Sie Filmszenen zum Vergleich mit dem Text aus und erläutern Sie die Änderungen gegenüber dem Text des Livius aus der Entstehungszeit des Films (Beginn der 60er Jahre des 20. Jhs.) und aus der beabsichtigten Publikumswirkung heraus.

Menenius Agrippa erzählt eine politische Fabel

Livius stellt dar: Nach der Vertreibung der Tarquinier ist für die junge römische Republik eine neue innere Notsituation entstanden. Dazu trugen vor allem äußere Bedrohungen durch andere Völker bei, nämlich durch die Latiner, Aequer und Volsker. Die Plebejer hatten wegen des Kriegsdienstes ihre Äcker nicht mehr bestellen können und sind wegen der daraus resultierenden Schulden in große Not geraten. Versuche der in Notlagen gewählten Befehlshaber (*dictātōrēs*), für die Plebs eine Lösung zu erreichen, wurden vom patrizischen Senat blockiert. Daher kam es zu einem Aufstand und einer *Sēcessiō* („Weggang, Auszug"). Die Plebejer, so die Überlieferung, verließen unter Führung des Gaius Sicinius Bellutus die Stadt, besetzten den „Heiligen Berg" (*mōns sacer*) und verweigerten in einer Art Generalstreik jegliche Mitwirkung am staatlichen Leben.

15.1 Angst

Livius schildert die Angst des Senats und der Regierenden.

Livius, Ab urbe condita 2,32,5–7

5	Pavor ingēns in urbe – metūque mūtuō suspēnsa erant omnia. Timēre relicta ab suīs plēbis violentiam patrum. Timēre patrēs residem in urbe plēbem, incertī, manēre eam an abīre māllent.	Ein ungeheurer Schrecken war in der Stadt – und in Angst voreinander war alles angespannt. Furcht hatte die Plebs, die von ihren eigenen Leuten zurückgelassen war, vor der Gewalttätigkeit der Väter. Furcht hatten die Väter vor der Plebs, die noch in der Stadt zurückgeblieben war; sie waren sich nicht schlüssig, ob sie lieber wollen sollten, dass sie bleibt, oder, dass sie weggeht.
6	*Quamdiū autem tranquillam, quae sēcesserit, multitūdinem fore?* *Quid futūrum deinde, sī quod externum interim bellum exsistat?*	Wie lange aber werde die Vielzahl, die sich abgesondert hatte, ruhig bleiben? Was werde dann geschehen, wenn inzwischen irgendein Krieg mit anderen Völkern ausbreche?
7	Nūllam profectō nisī in concordiā cīvium spem reliquam dūcere. *Eam per aequa, per inīqua reconciliandam cīvitātī esse.*	Es bleibe in der Tat keine Hoffnung übrig außer, wenn die Bürger Eintracht fänden, meinten sie. Diese müsse das Volk bei günstigen wie bei ungünstigen Bedingungen wiedergewinnen.

ARBEITSAUFTRÄGE ZUR TEXTERSCHLIESSUNG UND ZUR INTERPRETATION

1. Stellen Sie aus dem Text alle Ausdrücke zum Sachfeld „Angst, Furcht, Schrecken" zusammen.
2. Arbeiten Sie heraus, wie Livius durch Wortstellung, Satzbau und andere stilistische Mittel die Atmosphäre spürbar macht.
3. Analysieren Sie den Wechsel von Textsorten (Erzählung, Rede) und von Arten der Redewiedergabe (Redebericht, indirekte Rede). → Grundwissen 3.3, S.78–79.

Weitere Arbeitsaufträge zur Interpretation → Text 15.3, S. 70f.

15.2 Menenius Agrippa erzählt eine politische Fabel

Daraufhin ereignet sich Folgendes:

Livius, Ab urbe condita 2,32,8–12

8 Placuit igitur, ōrātōrem ad plēbem mittī Menēnium Agrippam, fācundum virum et, quod inde oriundus erat, plēbī cārum. Is intrōmissus in castra prīscō illō dīcendī et horridō modō nihil aliud quam hoc nārrāsse fertur:

9 *Tempore, quō in homine nōn ut nunc omnia in ūnum cōnsentiant, sed singulīs membrīs suum cuique cōnsilium, suus sermō fuerit, indignātās reliquās partēs, suā cūrā, suō labōre ac ministeriō ventrī omnia quaerī, ventrem in mediō quiētum nihil aliud quam datīs voluptātibus fruī.*

10 *Cōnspīrāsse inde, nē manūs ad ōs cibum ferrent nec ōs acciperet datum nec dentēs, quae acciperent, cōnficerent. Hāc īrā, dum ventrem famē domāre vellent, ipsa ūnā membra tōtumque corpus ad extrēmam tābem vēnisse.*

11 *Inde appāruisse, ventris quoque haud sēgne ministerium esse nec magis alī quam alere eum reddentem in omnēs corporis partēs hunc, quō vīvimus vigēmusque, dīvīsum pariter in vēnās, mātūrum cōnfectō cibō sanguinem.*

12 Comparandō hinc, quam intestīna corporis sēditiō similis esset īrae plēbis in patrēs, flexisse mentēs hominum.

8 **fācundus, -a, -um**: redegewandt, rhetorisch begabt
inde: von dort = aus ihr (*der Plebs*)
oriundus, -a, -um: seine Abkunft herleitend, entstammend
intrōmittere, -ō, -mīsī, -missum: hineinlassen, einlassen
fertur: *persönliches Passiv + Inf.*: man berichtet, dass er
9 **tempore, quō**: zu der Zeit, als
in ūnum cōnsentīre: übereinstimmender Meinung sein
cuique: einem jeden
10 **cōnspīrāre, -ō, -āvī, ut** *oder* **nē**: sich dazu verschwören, …
tābēs, -is *f.*: die Schwächung
11 **reddere, -ō**: weitergeben, an die zuständige Stelle leiten
vēna, -ae *f.*: die Ader
12 **intestīnus, -a, -um**: innerlich, im Innern
in *+ Akk.*: gegen

9 **suā cūrā, suō labōre**: *Das Possessivpronomen steht normalerweise hinter dem zugehörigen Substantiv, bei* cuique *immer davor; ansonsten ist die Voranstellung eine Betonung:* sein eigener, seine eigene, sein eigenes. – 10 **dum**: während; *normalerweise mit Ind. Präs., aber hier wegen der indirekten Rede mit Konj.* – 12 **§ 12**: *gehört nicht mehr zur (indirekten) Rede des Menenius Agrippa, sondern teilt das Ergebnis der Rede mit. Dabei ist als Prädikat* fertur *aus § 8 hinzuzudenken.* – **comparandō**: indem er verglich

LERNWORTSCHATZ

prīscus, -a, -um	altertümlich, ehrwürdig
horridus, -a, -um	rau, ruppig; ungehobelt
cōnsentīre, cōnsentiō, cōnsēnsī, cōnsēnsum	übereinstimmen, einer Meinung sein
indignārī, indignor, indignātus sum + *A.c.i.*	sich darüber empören, dass
ministerium, ministeriī *n.*	der Dienst, die Dienstleistung
venter, ventris *m.*	der Bauch
dēns, dentis *m.*	der Zahn
domāre, domō, domuī, domitum	bezwingen, unterwerfen
sēgnis, sēgne, *Gen.* **sēgnis**	faul, langsam
vigēre, vígeō, viguī, –	stark sein, angesehen sein
sēditiō, sēditiōnis *f.*	der Aufstand

ARBEITSAUFTRÄGE ZUR TEXTERSCHLIESSUNG

1 Gliedern Sie die indirekte Rede (*a.u.c.* 2,32,9–11) nach Zeitangaben.

2 Stellen Sie aus Text 15.2 alle Ausdrücke zu den folgenden Sachfeldern zusammen:
a) Körperteile – b) Geist – c) soziales und politisches Verhalten.
► **HINWEIS** Oft gibt es doppeldeutige Ausdrücke, die auf Körper und Staat zugleich beziehbar sind.

Arbeitsaufträge zur Interpretation → Text 15.3, S. 70f.

15.3 Verhandlungen über *concordia*

Livius, Ab urbe condita 2,33,1–2

1 Dann begann man, über die Eintracht zu verhandeln, und man hat sich zu den Vereinbarungen bereitgefunden, dass die Plebs ihre eigenen Amtsträger hatte, die sakrosankt waren (*rechtliche Immunität hatten*) und die Verfügung über die Hilfeleistung gegen Konsuln hatten, und dass es keinem der Väter erlaubt sein solle, dieses Amt an sich zu reißen.

2 So wurden die Volkstribunen gewählt, zwei, Gaius Licinius und Lucius Albinus. Diese wählten sich drei Kollegen hinzu. Unter ihnen sei Sicinius gewesen, der Urheber des Aufruhrs. Bei zweien ist man sich weniger einig, wer sie gewesen sind.

ARBEITSAUFTRÄGE ZUR INTERPRETATION (zu den Texten 15.1, 15.2 und 15.3)

3 Livius sagt, dass Menenius Agrippa rhetorisch begabt war und „in jener altehrwürdigen und ruppigen Redeweise" gesprochen habe. Dennoch gibt er die Rede des Menenius nicht in direkter Form wieder, sondern als indirekte Rede. In der indirekten Rede stehen Aussagesätze und rhetorische Fragen im A.c.i., Wunschsätze und Gliedsätze im Konjunktiv.
a Schreiben Sie nach Erschließung und Übersetzung der indirekten Rede diese in direkte Rede um (auf Deutsch oder auf Lateinisch). Beispiel:

indirekte Rede	direkte Rede
9 *Tempore, quō in homine nōn – ut nunc – omnia in ūnum cōnsentiant, sed singulīs membrīs suum cuique cōnsilium, suus sermō fuerit, indignātās reliquās partēs, suā cūrā, suō labōre ac ministeriō ventrī omnia quaerī, ventrem in mediō quiētum nihil aliud quam datīs voluptātibus fruī.*	9 Tempore, quō in homine nōn – ut nunc – omnia in ūnum cōnsentiēbant, sed singulīs membrīs suum cuique cōnsilium, suus sermō erat, indignātae reliquae partēs sunt, suā cūrā, suō labōre ac ministeriō ventrī omnia quaerī, ventrem in mediō quiētum nihil aliud quam datīs voluptātibus fruī.

b Tragen Sie beide Fassungen laut vor.
c Analysieren Sie den Unterschied in der Wirkung.
d Arbeiten Sie heraus, was an der Redeweise als altehrwürdig (*prīscus*) und ruppig (*horridus*) gelten kann. Berücksichtigen Sie dabei die Wortwahl, ungewöhnliche Ausdrücke sowie stilistische Mittel. → Einleitung 6 SPR 1, S. 7; → Stilmittel, S. 89–91

4 Die Rede des Menenius Agrippa wird als Fabel oder als Parabel bezeichnet, sie ist in jedem Fall ein groß angelegter Vergleich von Körper und Staat.
  a Erörtern Sie unter Berücksichtigung der Information 1, welche Elemente der Fabel und welche der Parabel im Text aufzufinden sind.
  b Stellen Sie nach dem in Information 1 gegebenen Beispiel das *prīmum, secundum und tertium comparātiōnis* zusammen und beschreiben Sie, welche Gefühle und Stimmungen der Vergleich hervorrufen kann oder bei Ihnen hervorruft.

5 Erörtern Sie: Wie hätten Romulus (→ Text 5), Tarquinius Superbus (→ Text 9) und Brutus (→ Text 12) die Geschichte vom Bauch und den Körperteilen gestaltet und verwendet?

6 Erörtern Sie: Wie könnte die angesprochene Plebs mit einer eigenen Darstellung des Körper-Staat-Vergleichs antworten? Berücksichtigen Sie die Informationen 2 und 3.

7 Vergleichen Sie die von Livius erzählte Geschichte mit Rezeptionen und Bearbeitungen aus späterer Zeit (→ Information 3 und 4).

8 Analysieren Sie die Probleme eines Körper-Staat-Vergleichs unter Berücksichtigung der Information 2.

9 Setzen Sie Ihre Sammlung zu den Leitfragen (→ S. 11) fort.

Fabel, Parabel, Gleichnis, Vergleich, Atmosphäre, Analogieschluss INFORMATION 1

- Eine Fabel erzählt meist eine Geschichte aus dem Tierreich und legt einen Vergleich mit bestimmten Menschen, menschlichen Verhaltensweisen und sozialen Problemen nahe. Manchmal formuliert sie eine Moral auch am Schluss oder setzt an den Anfang das Sachthema, das die Fabel veranschaulichen soll.
- Der Begriff Parabel kommt aus dem Griechischen (*parabolē* = der Vergleich, das Gleichnis). Die Parabel ist eine Erzählung, die eine allgemeingültige Erkenntnis oder Moral durch einen Vergleich aus einem Bereich veranschaulicht, der nicht das eigentliche Thema ist. Sie stimmt aber oft nur in einem Vergleichspunkt mit dem überein, was sie erläutern soll. Daher ist sie eine Erzählung, die auch ohne bewusst gemachten Vergleich wirkt.
- Das Gleichnis macht deutlich, dass es vergleichen will, und ähnelt ansonsten der Parabel, weil es ebenso wie diese nur einen wesentlichen Punkt vergleicht.
- Allen genannten Formen liegt der Vergleich ausgesprochen oder unausgesprochen zugrunde. In der antiken Lehre vom **Vergleich** (*comparātiō*) unterscheidet man:
  1. das *prīmum comparātiōnis* (den ersten Punkt des Vergleichs): die Person oder die Sache, zu der ein Vergleich begonnen wird;
  2. das *secundum comparatiōnis* (den zweiten Punkt des Vergleichs): die verglichene, zum Vergleich herangezogene Sache;
  3. das *tertium comparātiōnis*, (den dritten Punkt des Vergleichs): das Gemeinsame von *prīmum* und *secundum comparātiōnis*.

  Beispiel:
  prīmum comparātiōnis: Regierung
  secundum comparātiōnis: Bauch
  tertium comparātiōnis: Versorgung
- Wichtig ist die **Atmosphäre**, die bei einem solchen Vergleich entsteht. Man denkt an fette Bäuche und ausgemergelte Arbeiter, aber ebenso an Magen- und Unterbauchbeschwerden, Hunger und die Notwendigkeit zu essen.
- Die genannten Formen legen oft Analogieschlüsse nahe. Aus der Stimmigkeit des einen Zusammenhangs wird oft unkritisch auf die Stimmigkeit des anderen Zusammenhangs geschlossen. Darin liegt oft die Absicht derer, die solche Vergleiche und Parabeln verwenden.

Andere Formen des Körper-Staat-Vergleichs

INFORMATION 2

- Der **Apostel Paulus** verwendet im „Ersten Brief an die Korinther" (12,12–31) den Körper-Staats-Vergleich dazu, die Rechte aller Menschen hervorzuheben.
- **Marcus Tullius Cicero** rechtfertigt in seinem Werk *De officiis* („Die Pflichten") vom Ende des Jahres 44 v. Chr. die Ermordung Caesars im März 44 v. Chr. (Buch 3, ab § 19): Durch den Nachteil für einen Menschen seinen eigenen Vorteil zu erhöhen sei eine Zerstörung der menschlichen Gemeinschaft. Die Gemeinschaft des Menschengeschlechts, die am meisten der Natur entspricht, wird durch das eigennützige Verhalten zerstört (*disrumpī necesse est … hūmānī generis societātem*). Er vergleicht dabei menschliches Verhalten mit Vorgängen im Körper. Der Körper werde zerstört, wenn ein Glied auf Kosten der Gesundheit der anderen Körperteile gesund sein wolle. „Es ist nicht gegen die Natur, wenn man kann, den zu berauben, den zu töten ehrenvoll ist, und diese ganze verderbliche und gottlose Gruppe (*genus*) ist aus der Gemeinschaft mit den Menschen auszugrenzen. Denn wie bestimmte Köperteile amputiert werden, wenn sie sozusagen nach und nach ohne But und ohne Atem sind, und den übrigen Körperteilen schaden, so muss diese in Menschengestalt wirkende Wildheit und Brutalität eines Tieres aus der, wie ich sagen möchte, dem Körper gemeinsamen Menschlichkeit abgesondert werden." (3,32)

Eine antike Alternativversion

INFORMATION 3

In dem Werk *De viris illustribus urbis Romae*, „Berühmte Männer Roms", das möglicherweise von Aurelius Victor (ca. 320–390 n. Chr.) stammt, wird die Rede des Menenius Agrippa als direkte Rede dargestellt (Kap. 18):
(1) Menenius Agrippa hatte den Beinamen Lanatus. Er wurde für den Oberbefehl gegen die Sabiner gewählt und triumphierte über sie. (2) Als sich das Volk wegen der unerträglichen Abgaben und des Kriegsdienstes vom Senat getrennt hatte (494 v. Chr.) und alle Versuche, es zurückzurufen, scheiterten, sprach Agrippa vor ihm: „Einst entzweiten sich die menschlichen Glieder mit dem Magen, weil sie ihn müßig sahen, und versagten ihm ihre weiteren Dienste. Als sie aber auf diese Weise auch selbst dahinschwanden, erkannten sie, dass der Magen die aufgenommenen Speisen an alle Glieder verteilte, und versöhnten sich wieder mit ihm. (4) So gehen Senat und Volk, die gleichsam einen Körper bilden, durch Zwietracht zugrunde, während sie durch Eintracht stark sind." (5) Diese Fabel bewog das Volk zur Rückkehr (493 v. Chr.). (6) Es wählte sich jedoch Volkstribunen, um seine Freiheit gegen den Übermut des Adels zu schützen. (7) Menenius starb in so großer Armut, dass das Volk die Kosten zu seiner Beerdigung durch die Sammlung kleiner Münzbeiträge bestritt und der Senat die Begräbnisstätte auf Kosten des Staates hergab.

Zwei Versionen der Fabel aus dem 18. Jahrhundert

1 Im Zeitalter des Absolutismus

(noch vor den Revolutionen in den USA, 1776–1783 (Unabhängigkeitserklärung 1776), und in Frankreich, 1789–1795)

Friedrich von Hagedorn, Der Glieder Streit mit dem Magen (1738)

Die Glieder fingen an, den Magen
Mit diesen Worten zu verklagen:
Da liegt er auf der Bärenhaut,
Thut nichts, als dass er nur verdaut,
Sich stets mit Speis' und Trank erquicket,
Und was ihm übrig, von sich schicket.
Wir aber sorgen Tag und Nacht,
Ihm seine Nahrung zu gewinnen:
Ey! sind wir dann nicht wohl bey Sinnen?
Auf, lasst uns ihm den Dienst entziehn!
Er mag hinfort sich auch bemühn
Und seine Nahrung selbst erwerben!
Wo nicht, so kann er Hungers sterben.
Was haben wir vor Dank davon?
Was gab er uns vor einen Lohn?
Nun gnug, es heißt in diesem Falle,
Für sich ein jeder, Gott für alle!
Hiermit bewegte sich kein Glied,
Es ward dem Mund und armen Magen
Kein Essen weiter fürgetragen,
Der Leib bekam kein frisch Geblüt
Und konnt' aus Schwachheit und für Beben
Nicht Haupt noch Fuß und Hand erheben.
Da merkten erst die Glieder an,
Dass der, der ihnen müßig schiene,
Dem ganzen Körper besser diene,
Als ihre Müh bisher gethan,
Und ihnen allen heilsam wäre,
Wenn man ihn, wie zuvor, ernähre.
So müssen auch der Obrigkeit
Die Unterthanen alle dienen,
Weil sie dafür hinwieder ihnen
Schutz, Unterhalt und Ruh verleiht.
Der Magen lebt zwar durch die Glieder;
Doch er ernährt und stärkt sie wieder.

Friedrich VON HAGEDORN: Der Glieder Streit mit dem Magen. In: Hermann LINDNER: Fabeln der Neuzeit. England, Frankreich, Deutschland. Ein Lese- und Arbeitsbuch. München 1978, S. 169.

2 Nach der französischen Revolution

Christian August Fischer (1771–1829), Die Revolution im Tierreich oder: Der Magen und die Glieder (1796)

Die Tiere waren der königlichen Regierung überdrüssig; sie hatten den Löwen abgesetzt; es war niemand auf seiner Seite als der Fuchs. „Aber laßt mich ein einziges Wort sagen!" sprach er. „Die Glieder empörten sich einmal gegen den Magen. ‚Der unnütze Müßiggänger', sagen sie, ‚tut nichts als wohlleben und verdauen, indes wir uns zu Tode für ihn arbeiten.' Sie beschlossen, ihm nichts mehr zu reichen. Was geschah? Der Magen litt freilich, aber sie fühlten bald, daß sie mitlitten. Sie wurden alle Tage matter und kraftloser; sie sahen endlich ein, daß sie den meisten Vorteil vom Magen hatten. Ebenso ist es mit der königlichen Gewalt", fuhr der Fuchs fort. „Auf ihr beruht das allgemeine Beste; alle anderen Stände, mit einem Wort, die *ganze Nation* bestehet nur durch sie!" „Du vergissest einen kleinen Umstand", fiel die Schlange ein, *„der Magen isset und nützet zugleich, die meisten Könige essen nur."*

Christian August FISCHER: Politische Fabeln. Königsberg 1796, S. 38–40.

16 Vae victis!

387 v. Chr.: Gallische Stämme sind in Mittelitalien eingedrungen und haben die römischen Abwehrheere an dem Fluss Allia geschlagen. Marcus Furius Camillus wird zum Dictātor gewählt. Dieses Amt sollte in Notzeiten eine einheitliche Befehlsgewalt garantieren. Die besiegten römischen Soldaten fliehen in die etruskische Stadt Veji, die Camillus 396 v. Chr. erobert hatte. In Rom gibt es nur noch wenige Männer im kampffähigen Alter.

Livius, Ab urbe condita 5,48,5–49,1

5 Sed iam neque dissimulārī neque ferrī ultrā famēs poterat.
Itaque **dum** dictātor dīlēctum per sē Ardeae habet,
magistrum equitum Lūcium Valerium ā Vēiīs addūcere exercitum iubet, parat īnstruitque, quibus haud impār adoriātur hostēs,
6 **interim** Capitōlīnus exercitus, statiōnibus, vigiliīs fessus,
superātīs tamen hūmānīs omnibus malīs,
cum famem ūnam nātūra vincī nōn sineret,
diem dē diē prōspectāns, ecquod auxilium ab dictātōre appārēret,
7 **postrēmō** spē quoque iam nōn sōlum cibō dēficiente et –
cum statiōnēs prōcēderent – prope obruentibus īnfīrmum corpus armīs,
vel dēdī vel redimī sē, quācumque pactiōne possint, iussit,
iactantibus nōn obscūrē Gallīs haud magnā mercēde sē addūcī posse, ut obsidiōnem relinquant.
8 Tum senātus habitus tribūnīsque mīlitum negōtium datum,
ut pacīscerentur. Inde inter Quīntum Sulpicium tribūnum mīlitum et Brennum, rēgulum Gallorum, conloquiō trānsācta rēs est, et mīlle pondō aurī pretium populī – gentibus mox imperātūrī! – factum.
9 Reī, foedissimae per sē, adiecta indignitās est: Pondera ab Gallis allāta inīqua et – tribūnō recūsante – additus ab īnsolente Gallō ponderī gladius audītaque intoleranda Rōmānīs vōx: „Vae victīs!"
49,1 Sed dīque et hominēs prohibuēre redēmptōs vīvere Rōmānōs.
Nam forte quādam priusquam īnfanda mercēs perficerētur, per altercātiōnem nōndum omnī aurō adpēnsō, dictātor intervēnit auferrīque aurum dē mediō et Gallōs submovērī iubet.

48,8 **habitus**, **datum**, **factum**, 9 **allāta**, **additus**, **audīta**, **prohibuēre**
→ Einleitung 6 SPR – 48,5–7: Kolometrische Darstellung → S. 83–85

5 **ultrā** *Adv.*: weiter, länger
dictātor, -ōris *m.*: der Diktator
per sē: aus eigener Machtvollkommenheit
Ardeae: *Lokativ:* in Ardea
magister, magistrī *m.* **equitum**: der Reiterführer
dīlēctus, -ūs *m.*: die Rekrutierung, die Soldatenanwerbung
quibus: alles, womit
impār, ímparis: ungleich
6 **statiōnēs, -um** *f. Pl.*: das Postenstehen
vigiliae, -ārum *f. Pl.*: das Wachehalten
diem dē diē: von Tag zu Tag
prōspectāre, -ō: erwarten
ecquod: ob irgendein(e)
7 **quācumque pactiōne**: egal, mit welcher Vereinbarung
obsidiō, -ōnis *f.*: die Belagerung
8 **senātum habēre**: eine Senatssitzung halten
tribūnus mīlitum: der Militärtribun (*Vertreter der Soldaten gegenüber den Befehlshabern*)
negōtium dare: die Aufgabe geben
rēgulus, -ī *m.*: der Anführer
trānsigere, trānsigō, -ēgī, -āctum: verhandeln
pondō *indekl.*: das Pfund
pretium facere: als Preis festsetzen
9 **per sē**: schon an sich
indignitās, -ātis *f.*: die Würdelosigkeit, die Abscheulichkeit
intolerandus, -a, -um: unerträglich
vae *+ Dat.*: wehe …
49,1 **dī** = deī
forte quādam: durch irgendeinen Zufall
īnfandus, -a, -um: unsäglich
altercātiō, -ōnis *f.*: die Auseinandersetzung
adpéndere, -ō, -pendī, -pēnsum: auszahlen
submovēre, -móveō: wegschaffen

5 Gallī novā rē trepidī arma capiunt īrāque magis quam cōnsiliō in Rōmānōs incurrunt. Iam verterat fortūna, iam deōrum opēs hūmānaque cōnsilia rem Rōmānam adiuvābant. Igitur prīmō concursū haud māiōre momentō fūsī Gallī sunt, quam ad Alliam vīcerant.

5 **trepidus, -a, -um**: unruhig, ängstlich
mōmentum, -ī *n.*: der Augenblick, der Zeitraum

Inhaltsangabe

6–9 Camillus besiegt mit seinen Truppen die Gallier ein zweites Mal. Er wird „Romulus" und „Vater des Vaterlands" (*pater patriae*) genannt und verhindert, dass die Plebs aus dem niedergebrannten Rom nach Veji auswandert. Er veranlasst den Wiederaufbau. Livius schreibt: „Das Vaterland war im Krieg gerettet und dann rettet er es im Frieden unzweifelhaft erneut, indem er verbot, nach Veji zu emigrieren" (§ 8). Deswegen bittet ihn der Senat, weiter Diktator zu bleiben und die Stadt nicht „in einem ungewissen Zustand" zu verlassen.

LERNWORTSCHATZ

dissimulāre, dissímulō, dissimulāvī, dissimulātum	verbergen, verheimlichen
fessus, -a, -um	erschöpft, müde
obruere, óbruō, óbruī, óbrutum	überschütten, vergraben; vernichten
redimere, rédimō, redēmī, redēmptum	freikaufen, loskaufen
pacīscī, pacīscor, pactus sum	einen Vertrag schließen; vereinbaren
conloquium, conloquiī *und* **colloquium, colloquiī** *n.*	das Gespräch, die Unterhaltung
foedus, foeda, foedum	scheußlich
recūsāre, recūsō, recūsāvī, recūsātum	sich weigern; ablehnen
īnsolēns, *Gen.* **īnsolentis**	unverschämt
intervenīre, intervéniō, intervēnī, interventum	dazwischenkommen
incurrere, incurrō, incurrī, incursum in *+ Akk.*	hineinrennen; (gegen jdn.) anstürmen; in etw. geraten

ARBEITSAUFTRÄGE ZUR TEXTERSCHLIESSUNG

1 **a** Gliedern Sie den Satz §§ 48,5 (ab *itaque*) bis 48,7 (… *relinquant*) anhand der zeitlich gliedernden Wörter und der Verbalinformationen.
b Erarbeiten Sie eine kolometrische Darstellung dieses Satzes und schildern Sie ihn gegebenenfalls auch grammatisch gemäß der Erarbeitungs- und Darstellungsmöglichkeit 2: Ausführliche Übersicht (S. 84–85). Information 1 gibt den Text als Hilfe mit Schrägstrichen wieder. Diese kennzeichnen das jeweilige Ende eines Kolons.
► **HINWEIS** Der *dum*-Satz in § 48,5 endet erst beim Wort *hostēs*.
c Geben Sie die einzelnen Kola (Abschnitte) des 91 Wörter langen Satzes als kurze selbstständige Sätze wieder. Sie können dabei mehrere kurze Kola in einem Satz zusammenfassen.

2 Die §§ 48,8–49,1 nehmen das Thema vom Ende des § 48,7 wieder auf: *haud magnā mercēde addūcī posse*. Stellen Sie aus dem Text Ausdrücke aus dem Sachfeld „Geld, Gewinn, Bezahlung" zusammen und zeigen Sie, welche neuen Themenbereiche hinzukommen.

ARBEITSAUFTRÄGE ZUR INTERPRETATION

3 Interpretieren Sie den Satz §§ 48,5 (ab *itaque*) bis 48,7 (… *relinquant*) unter Berücksichtigung der Abfolge der Informationen, der Länge und des Inhalts. Beachten Sie, was im Zentrum des Satzes von 91 Wörtern steht und welche Einflussfaktoren Livius darstellt.

4 Stellen Sie den Satz §§ 48,5 (ab *itaque*) bis 48,7 (… *relinquant*) wahlweise entweder als ein Drehbuch (in Form von Regieanweisungen) oder als eine gezeichnete Bildsequenz dar.

5 Stellen Sie zusammen, welche Mächte und welche Einstellungen und Haltungen der Menschen Livius in der Geschichte am Wirken sieht.

6 Bewerten Sie das Verhalten des Brennus unter Berücksichtigung von Information 2.

7 Stellen Sie dar, welche Gegensätze im Text gezeigt werden: a) zwischen Galliern und Römern, b) zwischen Plebs und Senat, c) zwischen menschlichem Willen und menschlichem Können.

8 Erörtern Sie, welche Affekte der Text im Leser auslösen kann.

9 Setzen Sie Ihre Sammlung zu den Leitfragen (S. 11) fort, hier insbesondere zu L 1, L 2, L 4, L 6.

Abschnitt 48,5–7, gegliedert durch Schrägstriche oder Klammern — INFORMATION 1

Itaque / dum dictātor dīlēctum per sē Ardeae habet, / [magistrum equitum Lūcium Valerium ā Vēiīs addūcere exercitum] iubet, / parat / īnstruitque, / quibus haud impār adoriātur hostes, / interim Capitōlīnus exercitus, / statiōnibus, vigiliīs fessus, / [superātīs tamen hūmānīs omnibus malīs], / cum [famem ūnam] nātūra [vincī] nōn sineret, / diem dē diē prōspectāns, / ecquod auxilium ab dictātōre appārēret, / postrēmō [spē quoque iam, / nōn sōlum cibō dēficiente] / et cum statiōnēs prōcēderent / [prope obruentibus īnfīrmum corpus armīs], / [vel dēdī vel redimī sē, / quācumque pactiōne possint,] iussit, / [iactantibus nōn obscūrē Gallīs / haud magnā mercēde / sē / addūcī posse, / ut obsidiōnem relinquant].

A.c.i., Ablativi absoluti und zu ihnen gehörige Abschnitte sind zusätzlich in eckige Klammern gesetzt.

Römische Herrschaftsideologie und Vertragspolitik — INFORMATION 2

Der römische Staat entwickelte im Lauf seiner Geschichte bestimmte Vorstellungen zum Verhalten gegenüber anderen Völkern. Dazu gehörten:

a. *Bellum iūstum* (gerechter Krieg): Er muss eine anerkannte Ursache haben, meistens eine Vertragsverletzung; er muss vom Senat beschlossen werden; er muss formell und nach religiösen Weihungen erklärt werden.

b. Der römische Staat ist zur rationalen und legitimen Weltherrschaft berufen.

c. Gegner, die sich unterworfen und einen Friedensvertrag mit Rom geschlossen haben, sind zu schonen. Wer aber den Friedensvertrag bricht oder gar nicht abschließt, erkennt die römische Vorherrschaft nicht an, ist ein Aufrührer und arrogant (*superbus*).

In der *Aeneis* Vergils (→Text 3, Information 2) wird dies in einer Prophezeiung ausgedrückt, die Aeneas von seinem Vater Anchises erhält. Aeneas sucht Anchises in der Unterwelt auf. Anchises zeigt ihm die Seelen vieler Menschen, die durch Wiedergeburt als Römer wieder auf die Erde kommen werden. Er schließt diese Vorausschau mit einem Vergleich griechischer und römischer Leistungen. Die Griechen sind die Pioniere der Kunst und der Rhetorik. Die Berufung der Römer schildert er so und spricht dabei „den Römer" direkt an (Vergil, Aeneis 6,851–853):

„Tū regere imperiō populōs, Rōmāne, mementō –
haec tibī erunt artēs – pācīque impōnere mōrem,
parcere subiectīs et dēbellāre superbōs."

„Du, Römer, habe im Gedächtnis, die Völker durch deine Herrschaft zu lenken –
das wirst du als erlernte Kunst haben – und dem Friedensschluss entsprechendes Verhalten aufzulegen,
die Unterworfenen zu schonen und die Aufrührerischen im Krieg niederzukämpfen."

Grundwissen

1 Autor und Werk

Titus **Livius** lebte in der Zeit des Kaisers Augustus. Er wird mit Sallust und Tacitus zu den bedeutenden römischen Historikern gezählt. Sein Werk *Ab urbe condita* ist nur zum Teil erhalten. Es behandelt die Zeit von der Gründung Roms bis ins Jahr 9 v. Chr. Er will mit seiner Darstellung den Menschen seiner Zeit Maßstäbe und Vorbilder (*exempla*) vermitteln.

- **Lebenszeit des Livius**: 59 v. Chr.–17 n. Chr.
- **Werkname**: *Ab urbe condita* „Von der Stadtgründung an", Abkürzung: *a.u.c.*
- **Werkaufbau**: 142 Bücher, beschriebene Zeit: 753–ca. 9 v. Chr. Erhalten sind:
- **Buch 1** (753–510 v. Chr.): Gründung Roms und Königszeit
- **Bücher 2–5** (509–386 v. Chr.): Frühe römische Republik bis zum Einfall der Gallier in Italien
- **Bücher 6–10** (385–293 v. Chr.): Samnitenkriege
- **Bücher 21–30** (218–201 v. Chr.): Zweiter Punischer Krieg (Scipio und Hannibal)
- **Bücher 31–45** (201–167 v. Chr.): Roms Expansion im Osten bis zum Ende des Kriegs mit Perseus. Von allen Büchern gibt es aus der Antike stammende kurze Inhaltsangaben (sogenannte Períochae).

2 Literarische Gattungen

Die Texte und Begleittexte dieser Ausgabe gehören meist einer der zwei folgenden literarischen Gattungen an:

Historien, Geschichtsschreibung: Darstellung der Weltgeschichte oder einzelner Teile daraus mit den unten beschriebenen Elementen eines Erzählwerks (→ Grundwissen 3)

Biographie: Darstellung des Lebens eines Einzelnen vor dem Hintergrund seiner Zeit und mit Hervorhebung der Bedeutung der dargestellten Person für seine eigene und für spätere Zeit. Die Person kann gute oder schlechte Beispiele geben. Der Aufbau kann der Chronologie des Lebens folgen, aber auch anderen Gesichtspunkten.

Antike-Film: Der Film ist keine literarische Gattung, aber eine nach unterschiedlichen Gesichtspunkten gestaltete Version antiker Ereignisse, manchmal als Geschichtsablauf, manchmal als Biografie. Auf den Film lassen sich die Kriterien des Aufbaus von Erzählwerken anwenden (→ Grundwissen 3, S. 77–79). Der Film arbeitet aber auch mit der Beeinflussung durch Kameraführung, Beleuchtung, Schauspielertypen, Zitaten aus anderen Filmen. Er muss wie Gemälde ständig die Personen und Szenen mit tatsächlichen oder vermuteten antiken Gegenständen ausstatten. Er kann die Szenen schneller wechseln als jeder Text. Andere Bezeichnungen: Antik-Film, Monumentalfilm, Epic.

3 Erzähltechniken und Elemente einer Erzählung

3.1 Erzählstile

1 Personaler Erzählstil: In Geschichtswerken kann der Autor alles in chronologischer Abfolge von Anfang bis Ende erzählen. Der Autor kennt den ganzen Ablauf der Geschichte, tut aber so, als wüsste er nicht mehr als der Leser und erfahre mit ihm jeweils die neuen Ereignisse.

2 Auktorialer Erzählstil: Der Autor zeigt sein umfassendes und übergreifendes Wissen immer wieder, mal durch Rückblenden, mal durch Voraussagen oder Andeutungen der Zukunft.

3.2 Erzählzeit und erzählte Zeit

Erzählzeit: Die Zeit, die der Autor zur Darstellung eines Ereignisses bzw. der Leser zu dessen Lektüre braucht.

Erzählte Zeit: Die Zeit, die der dargestellte Vorgang tatsächlich brauchte.

Es gibt selten 1:1-Darstellungen, in denen der Bericht genauso viel Zeit benötigt wie das geschilderte Ereignis. Man kann den Verlauf eines Geschehens kurz darstellen, dann ist die Erzählzeit kürzer als die erzählte Zeit. Oder man kann ein einzelnes Ereignis sehr ausführlich darstellen, dann ist die Erzählzeit länger als die erzählte Zeit, wobei es alle Zwischenstufen gibt. Es kommt oft auf die vom Leser „gefühlte" Zeit an.

3.3 Abschnitte und Elemente in Geschichtswerken

1 Bericht von Vorgängen: Der Bericht hat den größten Anteil an einem Geschichtswerk. Er erfolgt ausführlich oder kurz, verwendet verschiedene Tempora, je nach Ziel des Berichts. Beim Bericht von Vorgängen ist das **Erzähltempus** das narrative Perfekt, welches die einzelnen Etappen eines Handlungsablaufs angibt. Dieses wird im Deutschen mit dem Präteritum wiedergegeben (*cognōvit* „er erkannte, er erfuhr").

Dauernde **Zustände** oder wiederholte Handlungen der Vergangenheit stehen im (durativen bzw. iterativen) Imperfekt. Auch das Imperfekt wird im Deutschen mit dem Präteritum wiedergegeben.

Rückgriffe auf Ereignisse, die vor dem erzählten Handlungsablauf bzw. vor der jeweiligen Etappe liegen, stehen im Plusquamperfekt. Auch im Deutschen wird dazu das Plusquamperfekt verwendet.

2 Szenische Darstellung einzelner Vorgänge: Der Autor tut so, als wäre er wie ein Reporter direkt beim Geschehen dabei. Er erstellt eine Nahaufnahme. Dazu verwendet er statt des narrativen Perfekts („Erzählperfekts") das szenische Präsens („Reportagepräsens"). Viele Lehrbücher nennen dies „historisches Präsens", wobei sie an die Grundbedeutung des Wortes „historisch" denken: „erzählend". In der Übersetzung sollte man das Reportagepräsens auch als Präsens wiedergeben, da sonst der Effekt verloren geht, den der Autor anstrebt.

3 Beschreibung eines Zustands: Der Erzähler unterbricht den Ablauf des Berichts und beschreibt eine Situation, Zeitumstände, Örtlichkeiten näher. Die Handlung geht nicht weiter. Solche Beschreibungen stehen meist im Präsens oder im konstatierenden („feststellenden") Perfekt. Auch im Deutschen verwendet man dann diese Tempora. Wenn aber ein Exkurs wiederum eine Erzählung in sich enthält, dann gelten die Erklärungen für das Tempus in Berichten.

4 Charakterisierungen von Personen (sogenannte Charakteristiken)

Personen handeln. Ihr Charakter beeinflusst das Handeln. Handlungen werfen ein Licht auf die handelnden Personen. Deswegen enthalten Erzähltexte Charakteristiken der handelnden Personen. Diese können auf zweierlei Weise erfolgen:

a. als **direkte Charakterisierung**: Der Autor macht wertende Bemerkungen oder lässt andere Personen solche wertenden Bemerkungen machen: mit Adjektiven (Nennung von Eigenschaften und Verhaltensweisen), mit Substantiven (z. B. durch Wertbegriffe, Beurteilungskategorien, Vergleiche, Gegenbeispiele) und mit qualifizierenden Adverbialen (z. B. „in unverschämter Form", „in frecher Haltung").

b. als **indirekte Charakterisierung**: Die dargestellten Personen machen durch Verhaltensweisen, Handlungen und Reden einen positiven oder negativen Eindruck. Die indirekte Charakterisierung verwendet viele Verben und auch Adverben.

Ein Mittel, sich die eigene und fremde Beurteilung einer Person deutlich zu machen, sind Charakterkurven. → S. 88

5 Wiedergabe von Reden: a) Der **Redebericht** gibt den Inhalt mit den Worten des berichtenden Autors wieder. – b) In einer **direkten Rede** zitiert der Autor angeblich oder tatsächlich den Redenden und lässt ihn so direkt zu den Lesern sprechen. – c) In der **indirekten Rede** lässt der Autor den Redner nicht direkt zum Leser sprechen. Er distanziert sich entweder von ihm oder lenkt die Beobachtung des Lesers in seinem Sinn. In keinem antiken Geschichtswerk ist davon auszugehen, dass dargestellte Reden tatsächlich so gehalten worden sind, wie vom Autor formuliert. Manchmal hat der Autor Unterlagen, z. B. veröffentlichte Reden oder Protokolle. Meist aber schreibt er die Reden so, dass sie zu seiner Darstellungsabsicht passen.

6 Betrachtungen und Erörterungen. Der Autor äußert Meinungen und Gedanken über Hintergründe oder Sinn des dargestellten Geschehens. Werden diese Darlegungen sehr umfangreich, nennt man sie oft „Exkurse". Das meint wörtlich „Herausgehen", also ein Verlassen des Erzählzusammenhangs. Betrachtungen und Erörterungen stehen im Präsens oder im konstatierenden („feststellenden") Perfekt. Auch im Deutschen wird das Perfekt verwendet. Wenn aber ein Exkurs in sich wieder eine Erzählung enthält, dann gelten die Erklärungen für das Tempus in Berichten.

7 Sentenzen, Bemerkungen des Autors in eigenem Namen: Der Autor vermittelt seinen Lesern in einer Redensart oder einem Lehrsatz eine Belehrung oder ein Resultat. Diese stehen meist im Präsens, manchmal im feststellenden Perfekt.

► **HINWEIS** Die Funktion ein und desselben Tempus kann je nach Zusammenhang verschieden sein. Ist das meiste im Präsens geschildert, fallen die Teile im Perfekt auf – und umgekehrt.

4 Römische Gesellschaft

4.1 Gesellschaftliche Klassen

Es bildeten sich im Verlauf der römischen Geschichte drei gesellschaftliche Gruppen heraus: **Nōbilēs** (der Amtsadel). Zu ihnen gehörten alle, die – egal aus welchem Stand – hohe Ämter innegehabt hatten, ferner die Patrizier, die Angehörigen der Familien, die angeblich zusammen mit Romulus Rom gründeten und deren Oberhäupter in seinem Beratungsgremium, dem sogenannten „Ursenat" die beratenden „Väter", *patrēs*, gewesen waren. Die Nōbilēs verfügten über beträchtlichen Grundbesitz. – **Equitēs** (die Ritter). Sie bildeten eine zweite Oberschicht. Ursprünglich waren sie reich genug, sich ein eigenes Pferd (*equus*) leisten zu können, wenn sie in den Krieg ziehen mussten. Sie bildeten später die Hauptgruppe der reichen Großhändler, die Waren aus allen Teilen des römischen Reiches nach Rom importierten. – **Plēbs** (die Menge): Das sind die Angehörigen der Familien, die später als die *patrēs* nach Rom gekommen waren. Zu ihnen gehörten durchaus auch reiche Familien, aber die Mehrzahl war im Laufe der Zeit ärmer oder arm geworden. Den Familien der Nobilität waren Familien der Plebs durch *clientēla* verbunden.

4.2 Klientelwesen

In der Zeit der römischen Republik war die Gesellschaft durch das Klientelwesen (*clientēla*) gegliedert. Eine Familie aus der Führungsschicht (der Nobilität) übernahm die rechtliche Vertretung und finanzielle Unterstützung einer plebeischen Familie oder anderer von ihr abhängiger Bürger. Der Vater der Nobilitätsfamilie war der Patron (*patrōnus*, der Schutzherr), die von ihm Vertretenen waren die Klienten (*clientēs*, die Abhängigen). – Die Leistungen der Patrone hießen *beneficia* (die freiwilligen Leistungen). Dafür halfen die Klienten der Nobilitätsfamilie. Ihre Hilfe bestand vor allem in der politischen Gefolgschaft, die sich im Wahlverhalten in den plebeischen Volksversammlungen zeigte: Sie wählten ihre *patrōnī* in Ämter. Die Leistungen der Klienten hießen *officia* (die Gegenleistungen). – Das gegenseitige Verhältnis wird durch zwei Begriffe gekennzeichnet: **fidēs** (*Verlässlichkeit* des Patrons – *Treue* des Klienten) und **grātia** (*Gunst* des Patrons, *Ansehen*, das er durch seine Leistungen beim Klienten hat – *Dank*, den der Klient abstattet). Die Begriffe *fidēs* und *grātia* bezeichnen also eine wechselseitige Beziehung, man spricht von einem reziproken Verhältnis von Patron und Klient:

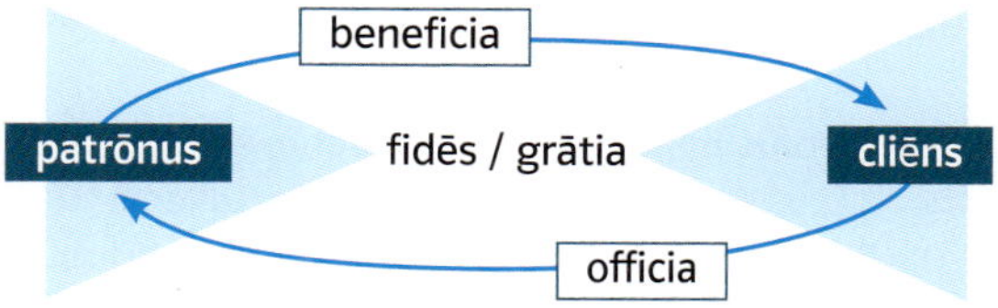

4.3 Staatsbeteiligung und Rechte der Plebejer

Nach Gründung der Republik durch Brutus als dem ersten Konsul 509 v. Chr. kam es nach und nach zu den sogenannten **Ständekämpfen** zwischen den drei Klassen. Dabei ging es um die Bewahrung der Rechte und Privilegien der oberen Klassen und um die Erringung von Rechten und Regierungsmacht der Plebejer. Die **Zwölf-Tafel-Gesetzgebung** (451 v. Chr.) schuf die rechtliche Gleichstellung der Plebs. Andere Gesetze, die bis 287 v. Chr. entstanden, machten alle Staatsämter und Priesterämter für Plebejer zugänglich, in der Regel für vermögende.

Statt der Patrizier bilden nun Amtsinhaber aller Schichten die neue Führungsschicht. Alle, die einmal Konsul gewesen waren, waren nun die *nōbilēs* und hatten im Amtsadel die führende Stellung. Der Senat wurde auf 300 Mitglieder erweitert und bestand aus den *patrēs* und den „Hinzugewählten" oder „Zusätzlich Eingeschriebenen" (*cōnscrīptī*). Daher lautet seitdem die Anrede an alle Senatoren im Senat *patrēs cōnscrīptī*.

Das bedeutendste Machtinstrument der plebeischen Volksversammlungen waren die **Volkstribunen** (*tribūnī plēbis*). Sie wurden seit 494 v. Chr. von den plebeischen Volksversammlungen gewählt und waren die Schutzherrn und Vertreter der Plebejer im Senat. Beschlüsse der plebeischen Versammlungen (der sogenannten Tributkomitien) hatten Gesetzeskraft. Die *tribūnīcia potestās* gab den Volkstribunen größte Macht: Ein Volkstribun konnte jederzeit als Beauftragter der Volksversammlungen Anträge im Senat durchsetzen (er sagte dann: *iubeō* „ich befehle, dass ...) oder Anträge anderer ablehnen (*vetō* „ich verbiete, dass ..."). Die Einrichtung des Volkstribunats bedeutete das Ende der Ständekämpfe.
Durch die Schaffung des **Provokationsrechts** (Berufungsrecht, Anrufungsrecht) durften alle Bürger (also auch *nōbilēs* und *equitēs*) andere Institutionen anrufen, wenn sie sich ungerecht verurteilt fühlten.

4.4 Cursus honōrum (die Laufbahn, *wörtl.* „Lauf durch die einzelnen Ehrenstellen")

Die Römer der Oberschicht bezogen über Jahrhunderte ihr Einkommen aus ihrem Großgrundbesitz. Ihr Ziel war öffentliches Ansehen durch Tätigkeit im Staat. Deshalb schlugen sie eine entsprechende Laufbahn durch die (unbezahlten) Ehrenstellen ein. Dieser begann mit Stellen im Heer und bei Provinzstatthaltern: Militärtribun und Finanzverwalter (*quaestor*). Dann folgten Stellen in Rom: Quaestor (Finanzdezernent), Aedil (Baudezernent), Praetor (Justizdezernent), Konsul (zusammen mit einem anderen Kollegen oberster Befehlshaber in Krieg und Frieden), Prokonsul (Provinzverwalter). Manche errangen auch ein hohes Priesteramt oder das Amt des Zensors.

4.5 Zensoren

Der Zensor ist ein Amt, das im 5. Jh. v. Chr., möglicherweise ca. 443 v. Chr., geschaffen wurde. Es verschwand erst am Ende des 4. Jhs. n. Chr. Es gab immer zwei Zensoren mit einer Amtsdauer von fünf Jahren. Der Zensor hatte weitreichende Befugnisse. Er war verantwortlich für den *cēnsus*, d.h. die Volkszählung und die Einteilung der Bürger in bestimmte Wählerklassen (*tribūs*). Die Zensoren entschieden auch über die Aufnahme von Personen in den Ritterstand und in den Senat. Sie gaben alle fünf Jahre einen Rechenschaftsbericht ab (*cēnsus* heißt daher auch „Zeitraum von fünf Jahren") und verteilten sozusagen Noten über das moralische Verhalten der Bürger. In schwerwiegenden Fällen konnten sie die Mitgliedschaft im Senat entziehen oder jemanden in eine unbedeutende Wählerklasse versetzen. Daher hatten sie große Macht.

Wie man Sätze und Texte erschließt

Ein Text (von lat. *texere, texō, texuī, textum* weben, flechten; also eigentlich „Gewebe") besteht aus Sätzen. Um ihn zu verstehen, gilt es zu erkennen, wie die Teile eines Textes miteinander verbunden sind und zusammen den Text bilden. Im Folgenden einige Tipps dazu.

1 Einbettung von Sätzen in andere

Man kann sich lange Sätze als eine Kombination von kurzen Sätzen vorstellen. Ein Satz wird in einen anderen eingefügt (oder: eingebettet). Es gibt zwei Einbettungsmittel: a) unterordnende Konjunktionen (z. B. *ut, cum, dum, quod, etsī*); b) Sätze werden als Kurzsätze formuliert, haben ein Prädikat ohne Personenkennzeichnung, aber mit einer Kasusendung: also einen Infinitiv oder ein Partizip oder eine *-nd*-Form. Die Arten der Kurzsätze sind:

- A.c.i.,
- Participium coniunctum (p.c., eigentlich ein Partizip, das prädikativ verwendet wird, also auf das übergeordnete Prädikat bezogen ist),
- Ablativ mit Prädikativum (= Ablativus absolutus, Abl. abs.),
- *nd*-Formulierungen (Verbindungen einer *nd*-Form mit anderen Satzgliedern).

Beispiel: *a.u.c.* 1,16,2: *Rōmāna pūbēs [sēdātō tandem pavōre],[postquam ex tam turbidō diē serēna et tranquilla lūx rediit], [ubī vacuam sēdem rēgiam vīdit], [etsī satis crēdēbat patribus, [quī proximī steterant], [sublīmem raptum procellā]], tamen [velut orbitātis metū icta] maestum aliquamdiū silentium obtinuit.*

► **HINWEIS** Viele Lehrbücher verwenden statt des Begriffs „Kurzsatz" den Begriff „satzwertige Konstruktion" (Damit ist gemeint: eine grammatische Struktur, die im Deutschen meist als Satz wiedergegeben wird.)

1.1 Einbettung als Gliedsatz

Man kann einen Satz in einen anderen als Gliedsatz einfügen. Eine einleitende unterordnende Konjunktion zeigt die Verbindung.

Satz A: *Serēna et tranquilla lūx rediit.* „Heiteres und ruhiges Tageslicht kehrte zurück."
Satz B: *Rōmāna pūbēs maestum aliquamdiū silentium obtinuit.* „Die römischen jungen Männer bewahrten eine Zeit lang trauriges Schweigen."
Der neue Satz lautet dann: ***Postquam** serēna et tranquilla lūx rediit, Rōmāna pūbēs maestum aliquamdiū silentium obtinuit.* „Nachdem heiteres und ruhiges Tageslicht zurückgekehrt war, bewahrten die römischen jungen Männer eine Zeit lang trauriges Schweigen."
Aus dem ursprünglich selbstständigen Satz *serēna lūx rediit* ist mit Hilfe der unterordnenden Konjunktion *postquam* ein Gliedsatz ersten Grades (GS_1) geworden (der direkt vom Hauptsatz abhängt). Das ursprünglich als selbstständig formulierte Prädikat im Hauptsatz (S) ist nun auf eine andere Information (nämlich *obtinuit*) bezogen formuliert (B).

1.2 Einbettung als Ablativus absolutus (Abl. abs.)

Man kann einen Satz in einen anderen als Ablativus absolutus einordnen.
Satz A: Pavor *tandem* sēdātus est. „Endlich legte sich die Angst."
Satz B: *Rōmāna pūbēs tamen maestum aliquamdiū silentium obtinuit.* „Trotzdem bewahrten die römischen jungen Männer eine Zeit lang Schweigen.
Man kann Satz A in Satz B als „Kurzsatz" im Ablativ einfügen. Ein Kurzsatz ist ein Satz ohne Konjunktion und ohne „finites" (mit Personal-Tempus- und Moduszeichen versehenes) Prädikat. Aus dem „Nominativ-Subjekt" *pavor* und dem „Nominativ-Prädikat" *sēdātus est* wird dann ein „Ablativ-Subjekt" *pavōre* und ein „Ablativ-Prädikat" *sēdātō* (Part. Perf. Abl., ohne *est*).
Der neue Satz lautet dann: *Rōmāna pūbēs [**pavōre** tandem **sēdātō**] tamen maestum aliquamdiū silentium obtinuit.*
An den Ablativ-Endungen erkennt man, dass der Kurzsatz jetzt auf eine andere Aussage „bezogen" ist (B), keine selbstständige Aussage mehr ist (S). Da wir diese Formulierungen im Deutschen nicht haben, muss man im Deutschen den Kurzsatz wie-

der zum eigenen Satz machen und entweder dem Satz B voranstellen und dann ein „und" einfügen (Beiordnung): „Endlich war die Angst beruhigt worden, (aber) trotzdem wahrten die römischen jungen Männer eine Zeitlang ein trauriges Schweigen." Oder man muss den Kurzsatz als Gliedsatz übersetzen (Unterordnung): „Nachdem/Obwohl die Angst endlich beruhigt worden war, bewahrten die römischen jungen Männer trotzdem eine Zeitlang Schweigen."
Man muss sich überlegen, welcher Art der inhaltliche Bezug ist. In diesem Satz wird der inhaltliche Bezug durch das Wort *tamen* gezeigt, das einen Gegensatz kennzeichnet. Normalerweise wird aber im Lateinischen die Art des inhaltlichen Bezugs nur selten durch solche Signalwörter klargemacht. Die deutsche Sprache will den inhaltlichen Bezug festlegen und verlangt vom Übersetzer die Entscheidung, wie er ihn ausdrückt.

1.3 Einbettung als Participium coniunctum (p.c.)

Man kann einen Satz in einen anderen als Participium coniunctum einordnen.
Satz A: *Rōmāna pūbēs orbitātis metū icta est.* „Die römischen jungen Männer wurden von der Angst vor Vaterlosigkeit getroffen."
Satz B: *Rōmāna pūbēs maestum aliquamdiū silentium obtinuit.* „Die römischen jungen Männer bewahrten eine Zeit lang Schweigen."
Man kann Satz A in Satz B als Kurzsatz so einfügen, dass sich das Prädikat an ein Satzglied im zweiten Satz anhängt; dabei wird es zum Partizip in demselben Kasus wie das Substantiv. Das Substantiv hat dann zwei Aufgaben: a. es ist Satzglied im Satzabschnitt mit dem Partizip; b. es ist Satzglied im übergeordneten Satz.
Der neue Satz lautet dann: *Rōmāna pūbēs orbitātis metū icta] maestum aliquamdiū silentium obtinuit.*
Da *pūbēs* Subjekt *zu icta* und *obtinuit* ist, kann man *pūbēs icta* nicht mit Klammern versehen, denn dann wäre *pūbēs* von *obtinuit* weggenommen. Also setzt man nur eine Klammer nach *icta*. Sie ist offen in Richtung des nominalen Bezugsworts.
Durch die Kasusendung des Partizips weiß man, dass der Kurzsatz jetzt auf eine andere Aussage „bezogen" ist (B), keine selbstständige Aussage mehr ist (S). Da wir diese Formulierungen im Deutschen nicht haben, muss man im Deutschen den Kurzsatz wieder zum eigenen Satz machen. Dafür gibt es zwei Möglichkeiten:
a) Beiordnung: Satz A wird dem Satz B in Form eines Hauptsatzes vorangestellt: „Die römischen jungen Männer waren von Furcht vor Verwaisung betroffen und bewahrten eine Zeit lang trauriges Schweigen."
b) Unterordnung: Der Kurzsatz A wird als Gliedsatz übersetzt: „Weil die römischen jungen Männer von Furcht vor Verwaisung betroffen waren, bewahrten sie eine Zeit lang trauriges Schweigen."
Ein Participium coniunctum kann auch mit einem anderen Satzglied einen Kurzsatz bilden, z. B. mit einem Akkusativ-Objekt:
Satz A: *Rōmāna pūbēs orbitātis metū icta est.* „Die römischen jungen Männer wurden von der Angst vor Vaterlosigkeit getroffen."
Satz B: *Proculus eam cōnsōlātus est.* „Proculus tröstete sie."
Der neue Satz lautet dann: *Proculus Rōmānam pūbem orbitātis metū ictam] cōnsōlātus est.* „Als die römischen jungen Männer von der Angst vor Vaterlosigkeit getroffen waren, tröstete sie Proculus."

1.4 Einbettung als Accusativus cum infinitivo (A.c.i.)

Man kann einen Satz in einen anderen als A.c.i. einordnen.
Satz A: *Rōmulus sublīmis procellā raptus est.* „Romulus ist von einem Windstoß hoch nach oben weggerissen worden."
Satz B: *Rōmāna pūbēs (id) crēdēbat patribus.* „Die römischen jungen Männer glaubten dies den Vätern (d.h. den Senatoren)."
Man kann Satz A in Satz B als Akkusativ-Objekt einfügen. Dann wird aus dem Nominativ-Subjekt *Rōmulus* ein Akkusativ-Subjekt *Rōmulum*. Aus dem Nominativ-Prädikat *raptus est* wird ein Akkusativ-Prädikat *raptum esse*. Alle Attribute und Prädikativa, die sich auf *Rōmulum* beziehen gleichen ihren Kasus an. Der neue Satz lautet dann: [*Rōmulum sublīmem procellā raptum* esse] *Rōmāna pūbēs patribus crēdēbat.* Oder: *Rōmāna pūbēs* [*Rōmulum sublīmem procellā raptum* esse] *patribus crēdēbat.* „Die römischen jungen Männer glaubten den Vätern, dass Romulus von einem Windstoß hoch nach oben weggerissen worden war."

1.5 Einbettung als *-nd*-Formulierung

Eine *-nd*-Formulierung ist eine Zusammensetzung aus einer *-nd*-Form (Gerundium oder Gerundivum) mit weiteren Satzgliedern wie Adverbiale oder Objekt). Man kann sich solche *-nd*-Formulierungen als Genitiv-Attribut oder als Präpositionalobjekt erklären.

Satz A: *Mīlitēs urbem expūgnāre cupiunt.* „Die Soldaten begehren stark, die Stadt zu erobern."

Satz B: *Mīlitēs (ad urbem) proficīscuntur.* „Die Soldaten brechen (zur Stadt) auf."

Der neue Satz lautet dann: *Mīlitēs cupidī [urbem expūgnandī] proficīscuntur.* „Die Soldaten sind voller Begierde, die Stadt zu erobern, und brechen auf."

Satz A: *Mīlitēs urbem expūgnāre volunt.* „Die Soldaten wollen die Stadt erobern."

Satz B: *Mīlitēs (ad urbem) proficīscuntur.* „Die Soldaten brechen (zur Stadt) auf."

A und B zusammen: *Mīlitēs [ad urbem expūgnandam] proficīscuntur.* „Die Soldaten brechen auf, um die Stadt zu erobern."

2 Sätze sinngerecht lesen und Sätze verstehen: Das kolometrische Verfahren

Livius verwendet oft alle geschilderten Einbettungen. Dadurch entstehen lange Sätze, die nach und nach mehr Aspekte eines Geschehensablaufs darstellen. Sie sind sozusagen ein sprachlicher Bilderbogen oder eine komponierte Abfolge von Bildern wie in Comics. Solche langen Sätze kann man sich erarbeiten, indem man das kolometrische Verfahren anwendet.

Wer lange Sätze liest, erfasst meist „Wortblöcke", kleinere Sinnabschnitte. Bei der nicht so vertrauten lateinischen Sprache muss das geübt werden. Man kann die Sinneinheiten durch die sogenannte Kolometrie (das kolometrische Gliedern) erfassen (Kolon: Abschnitt, Metrie: Einteilen).

Das Verfahren:

- Unterstreichen aller Verbformen und
- Umrahmen aller unterordnenden Satzverbinder: Konnektoren, unterordnende Konjunktionen, die auch Subjunktionen heißen.
- Kennzeichnung der Verbformen als selbstständig (S) oder bezogen (B) formuliert. Selbstständig meint: Die Verbform ist Prädikat in einem Hauptsatz. Bezogen meint: Die Verbform ist auf die Aussage in einer anderen Verbform bezogen. Diese andere Verbform befindet sich entweder innerhalb desselben Satzabschnitts – dann steht die bezogene Verbform in einem A.c.i., einem Abl. abs., einem p.c. oder einer *-nd*-Formulierung. Oder die andere Verbform befindet sich in einem übergeordneten Satz – dann ist die „bezogen" formulierte Verbform das Prädikat in einem Gliedsatz.
  Bezogen sind also alle „nicht-finiten" Verbformen. Das sind solche, die keine Personalendung und kein Tempus- und Moduszeichen: Infinitive, Partizipien, *-nd*-Formen. Weiterhin sind das alle finiten Verbformen, die in Gliedsätzen stehen. Deswegen hilft es, die unterordnenden Konnektoren zu kennen und vorab zu markieren, weil sie immer ein bezogenes Prädikat erwarten lassen.

Hilfen für das richtige Markieren:

- Erkennt man **Partizipien ohne eine Form von *esse***, liegt in der Regel ein p.c. oder ein Abl. abs. vor. Nun muss das Bezugswort gesucht werden (teils ist dies in der Prädikatsendung enthalten).

a) Steht das Partizip im Nominativ, Genitiv, Dativ oder Akkusativ, ist es ein p.c.

b) Steht das Partizip im Ablativ, ist es Teil eines Abl. abs.

► **HINWEIS** Bei Livius muss man allerdings aufpassen, da er als Stilmittel gerne Ellipsen verwendet (→ Stilmittel, St 10, S. 88; → Einleitung 6 SPR 3, S. 7–8). Ein Partizip im Nominativ oder Akkusativ kann dann auch ohne eine Form von *esse* ein Hauptsatzprädikat sein.

- Erkennt man einen **Infinitiv**, kann man normalerweise von drei Möglichkeiten ausgehen:

a) (Der häufigste Fall:) Der Infinitiv ist Teil eines A.c.i. Dann muss man das Akkusativsubjekt des A.c.i. suchen. Ist das Prädikat des Satzes ein Verb des Wahrnehmens, Denkens und Sagens (wie *vidēre, cōgitāre, dīcere*) oder ein Verb des Wollens und Befehlens (wie *velle, iubēre*), bestätigt dies die Annahme, dass ein A.c.i. vorliegt.

► **HINWEIS** In der indirekten Rede werden Aussagesätze als A.c.i. formuliert. Der lateinische Infinitiv entspricht dann im Deutschen dem Prädikat.

b) Der Infinitiv gehört zu einem Prädikat, das ein Modalverb wie z. B. *posse* ist.

c) Der Infinitiv ist eine Ergänzung zu einem Prädikat im persönlichen Passiv wie z. B. *iubeor venīre* „ich erhalte den Befehl zu kommen“ (vgl. die engl. Entsprechung: „I am told to come“).

► **HINWEIS** Wieder muss man bei Livius aufpassen: Er verwendet gerne den sogenannten historischen Infinitiv. Dann stehen die Prädikate nicht in einer finiten Verbform mit Kennzeichnung von Person, Numerus und Tempus, sondern im Infinitiv; nur der Inhalt des Verbs soll wirken.
Beispiel: *Tarquinius fatērī amōrem, ōrāre, miscēre precibus minās, versāre in omnēs partēs muliebrem animum.* „Tarquinius gestand seine Liebe, bat, mischte unter die Bitten Drohungen, wendete das Denken der Frau in alle Richtungen.“ (*a.u.c.* 1,58,3, Text 12). Dieser historische Infinitiv kommt meistens in einer Anhäufung von mehreren Infinitiven vor; man übersetzt ihn mit Präteritum.

Beispiele:

Darstellungsmöglichkeit 1: Markierungen direkt im Satz

(Die eckigen Klammern dienen als Kennzeichnung von p.c., Abl. abs.; A.c.i. oder *-nd*-Formulierungen)

B
Rōmāna pūbēs [sēdātō tandem pavōre], postquam ex tam turbidō diē serēna et tranquilla
B **B** **B** **B**
lūx rediit, ubī vacuam sēdem rēgiam vīdit, etsī satis crēdēbat patribus, quī proximī steterant,
B **B** **S**
[sublīmem raptum procellā], tamen velut orbitātis metū icta] maestum aliquamdiū silentium obtinuit.

Darstellungsmöglichkeit 2: Ausführliche Übersicht

Nr.	grammat. Beschreibung	lateinischer Text	S/B	deutsch	Bezug auf
1	Subjekt	(2) Rōmāna pūbēs	--	Die römischen jungen Männer,	--
2	Abl. abs.	sēdātō tandem pavōre,	B	brachten doch ihr Zittern zur Ruhe,	9
3	GS_1 Temporalsatz	postquam ex tam turbidō diē serēna et tranquilla lūx rediit,	B	nachdem aus einem so stürmischen Tag das heitere und ruhige Licht zurückgekehrt war,	9
4	GS_1 zweiter Temporalsatz	ubī vacuam sēdem rēgiam vīdit,	B	*und* sobald sie den Königssitz leer sahen,	9
5	GS_1 Konzessivsatz	etsī satis crēdēbat patribus,	B	wollten sie zwar den Vätern	9
6	GS_2 Relativsatz	quī proximī steterant,	B	die nahe am Geschehen gestanden hatten,	5
7	A.c.i., Obj. zu *crēdēbat* im Konzessivsatz	sublīmem raptum procellā,	B	gerne glauben, dass er von einem Wind nach oben entführt worden war,	5
8	HS, p.c.	tamen velut orbitātis metū icta	B	trotzdem waren sie wie von Furcht vor Verwaisung geschlagen	9
9	HS, Prädikatsgruppe	maestum aliquamdiū silentium obtinuit.	S	und wahrten eine unbestimmte Zeit lang trauriges Schweigen.	--

Die Spalte 1 zeigt die Zählung der einzelnen gefundenen Kola. Sie ist ein Ordnungsfaktor.

Die Spalte 2 gibt eine grammatische Beschreibung des Kolons.

Die Spalte 3 zitiert den lateinischen Text des Kolons.

Die Spalte 4 gibt an, ob die Verbform selbstständig (S) oder bezogen (B) ist.

Die Spalte 5 enthält eine deutsche Wiedergabe des Kolons (als eigener Satz oder bereits formal eingebaut in den Zusammenhang).

Die Spalte 6 gibt an, auf welches andere Kolon sich ein Kolon inhaltlich bezieht und von welchem es grammatikalisch abhängt.

Immer werden Sie die Spalten 1, 3 und 5 verwenden. Wenn Sie die anderen Spalten ausfüllen, besonders die Spalten 4 und 6, hilft Ihnen das, Fehler in Ihrer Analyse der Sätze zu erkennen und zu korrigieren.

Darstellungsmöglichkeit 3: Kurzverfahren

Nicht immer ist eine so ausführliche Analyse nötig. Oft genügt es, sich die Kola durch Schrägstriche abzutrennen und eventuell noch die Verbformen zu unterstreichen und unterordnende Konjunktionen einzurahmen.

Rōmāna pūbēs / sēdātō tandem pavōre, / postquam ex tam turbidō diē serēna et tranquilla lūx rediit, / ubī vacuam sēdem rēgiam vīdit, / etsī satis crēdēbat patribus, / quī proximī steterant, /sublīmem raptum procellā /, tamen / velut orbitātis metū icta / maestum aliquamdiū silentium obtinuit.

Zusätzliche Darstellungsmöglichkeit 4: Satzabbildung

Wenn man den Aufbau eines Satz nach einem der drei genannten Verfahren analysiert hat, kann man den Aufbau zusätzlich durch eine Satzabbildung zusätzlich deutlich machen:

HS	Rōmāna pūbēs [sēdātō tandem pavōre],
GS_1	postquam ex tam turbidō diē serēna et tranquilia lūx rediit,
GS_1	ubī vacuam sēdem rēgiam vīdit,
GS_1	etsī satis crēdēbat patribus,
GS_2	quī proximī steterant,
GS_1	[sublīmem raptum procellā],
HS	tamen velut orbitātis metū icta] maestum aliquamdiū silentium obtinuit.

Der ganze Satz wird umrahmt, weil er eine Einheit ist.

Gliedsätze ersten Grades (die vom Hauptsatz abhängen) werden innerhalb des großen Rahmens von Anfang bis Ende mit einem eigenen Rahmen versehen.

Gliedsätze zweiten Grades (die von einem Gliedsatz ersten Grades abhängen) werden innerhalb des Rahmens des Gliedsatzes ersten Grades mit einem eigenen Rahmen von Anfang bis Ende versehen.

Gliedsätze dritten Grades (die von einem Gliedsatz zweiten Grades abhängen) werden innerhalb des Rahmens des Gliedsatzes zweiten Grades mit einem eigenen Rahmen von Anfang bis Ende versehen; usw.

Eingebettete Kurzsätze (p.c., Abl. abs., A.c.i., *-nd*-Formulierungen) werden in eckige Klammern gesetzt. Ein als p.c. eingebetteter Kurzsatz erhält dabei nur eine Klammer, weil das Bezugswort des p.c. zwei Funktionen hat:

a) Es ist Subjekt zum p.c.

b) Es ist ein Satzglied im übergeordneten Satz.

Ähnliches gilt für manche *-nd*-Formulierungen.

3 Satzübergreifende Texterschließung – der Textzusammenhang

3.1 Semantische Erschließung

Man kann den Zusammenhang eines Textes durch Beobachtungen zu den darin enthaltenen Sachfeldern erschließen.
Ein Sachfeld ist eine Sammlung von Ausdrücken. Entweder gehören sie grundsätzlich zu einem Sachbereich (z. B. Heer, Krieg: *exercitus, mīles, legiōnārius, aciēs, pūgnāre, proelium committere*). Oder sie werden aktuell auf ein Thema bezogen, das ziemlich zu Anfang eines Textes angefangen („konstituiert") wird und dann die Sinnerwartung lenkt. (Dann werden auch *exercēre, vocāre, clāmāre, aciēs* (eigentlich: die Schärfe), selbst *manus, adiuvāre, cōnsilium* zu Wörtern, die etwas mit Krieg zu tun haben können, obwohl sie auch in anderen Zusammenhängen verwendet werden können.)

Beispiel: In Satz 1 stand:
(1) *Hīs immortālibus ēditīs operibus cum ad exercitum recēnsendum cōntiōnem in campō ad Caprae palūdem habēret, subitō coorta tempestās cum magnō fragōre tonitribusque tam dēnsō rēgem operuit nimbō, ut cōnspectum eius cōntiōnī abstulerit; nec deinde in terrīs Rōmulus fuit.* (2) *Rōmāna pūbēs sēdātō tandem pavōre, postquam ex tam turbidō diē serēna et tranquilla lūx rediit, ubī vacuam sēdem rēgiam vīdit, etsī satis crēdēbat patribus, quī proximī steterant, sublīmem raptum procellā, tamen velut orbitātis metū icta maestum aliquamdiū silentium obtinuit.*

Die Sachfelder in § 1 sind: a) **Heer / Heeresversammlung / Reden vor den Soldaten**: *ad exercitum recēnsendum, cōntiōnem in campō haberet, cōntiōnī* – b) **Unwetter**: *subitō coorta tempestās, cum magnō fragōre tonitribusque, tam dēnsō rēgem operuit nimbō, ut cōnspectum eius cōntiōnī abstulerit* – c) **König Romulus und seine Taten**: *Hīs immortālibus ēditīs operibus, ad exercitum recēnsendum cōntiōnem in campō ad Caprae palūdem habēret, rēgem, cōnspectum eius, nec deinde in terrīs Rōmulus fuit.*
Diese setzen sich in § 2 mit Umschichtungen fort: a) **Heer / Heeresversammlung / Reden vor den Soldaten**: Jetzt stehen die Römer als Subjekt im Vordergrund (vorher waren Sie Objekt): *Rōmāna pūbēs, vīdit, crēdēbat, metū icta maestum aliquamdiū silentium obtinuit.* – b) **Unwetter und Reaktionen**: Jetzt steht das Ende des Unwetters im Vordergrund: *sēdātō tandem pavōre, postquam ex tam turbidō diē serēna et tranquilla lūx rediit, procellā, orbitātis metū icta.* – c) **König Romulus** ist verschwunden. Daher werden nicht mehr seine Taten berichtet, sondern was man mit ihm vermisst oder was man fürchtet: *vacuam sēdem rēgiam, sublīmem raptum procellā, orbitātis.*

Diese Art der semantischen Erschließung ist nur möglich, wenn man genügend Vokabeln kennt. Man nimmt sie daher nach einiger Übung am besten begleitend zur syntaktischen Erschließung vor.
Die Verbformen zeigen aber auch: Mal ist Romulus handelndes Subjekt (dann stehen sie im Aktiv Singular), mal werden Vorgänge geschildert, die Romulus betreffen (dann kommt er als Objekt vor oder es stehen Verbformen im Passiv wie *raptum*). Mal werden Hauptsatzprädikate verwendet und die Motivationen in den Vordergrund gestellt. Mal werden Gliedsatzprädikate und Partizipien verwendet, die die Motivationen anderen Aktionen zuordnen. Hier hat die Syntax eine semantische Bedeutung.

3.2 Syntaktische Erschließung

Eine Reihe von syntaktischen Erscheinungen dienen der großflächigen Gestaltung eines Textes: Tempus; Modus; Genus verbi (Aktiv oder Passiv); Personenkennzeichnung; Konnektoren (Satzverbinder wie „und, aber, daher, dann"). Nach diesen Erscheinungen kann man nicht vom Prädikat eines Satzes aus mit „wer, was, wen, wie" usw. fragen. Sie sind nur vom Textzusammenhang her erklärbar. An der Verwendung dieser Erscheinungen kann man die Textart erkennen. Umgekehrt legt die Textart nahe, auf welche Erscheinungen man achten muss.
Erzählungen und erzählende Teile sind durch die Tempora und durch Temporaladverbien wie „vorher, dann, später" gegliedert. Ferner lassen sie sich in verschiedene Elemente wie Bericht, Rede, Sentenz gliedern (→ Grundwissen 3.3, S. 78–79).

Beispiel: Im soeben genannten Textabschnitt (→ 3.1 Semantische Erschließung, Satz 1) wird in den Hauptsätzen der erzählenden Abschnitte das narrative Perfekt verwendet: *operuit, obstinuit.* Nichts wird als Szene im Präsens hervorgehoben. Die beiden Sätze schildern in parallelen Satzabläufen die Situation der Heeresversammlung, das auslösende Gewitter und die Folgen; sie ordnen diese Ereignisse durch *operuit* und *obtinuit* einander zu. Eingeschaltet ist eine Feststellung, also ein nicht erzählender Satz. Sie steht im konstatierenden Perfekt: *nec deinde in terrīs Rōmulus fuit.* Dieses ist hier durch den resultativen Konjunktiv Perfekt *abstulerit* im davorstehenden Konsekutivsatz vorbereitet: *ut … abstulerit.*

Vorgeschaltet sind:

a. eine Vielzahl von Vorgängen in Partizipien und Gliedsätzen: (1) *Hīs immortālibus ēditīs operibus, subitō coorta…,* (2) *sēdātō tandem pavōre, postquam … lūx rediit, ubī … vīdit, etsī satis crēdēbat …, velut orbitātis metū icta.*

b. Begleitumstände im durativen Imperfekt (*crēdēbat*) oder im Konjunktiv Imperfekt zum Ausdruck der Gleichzeitigkeit (*habēret*).

Viele Zeitadverbien und Zeitkonjunktionen oder andere gliedernde Zeichen stellen die Abfolge und Bezüge klar: (1) *cum …, subitō, tam … ut …; nec deinde…* (2) *… postquam …, ubī …, etsī … tamen, velut …, aliquamdiū.*

Reden sind durch die Personenverteilung oder den Personenwechsel gegliedert. Auch die Modi (Indikativ, Konjunktiv, Imperativ) und die Satzarten verdeutlichen die Intentionen: Aussagen, Fragen, vorsichtige Behauptungen, Wünsche, Gedankenspiele. → Grundwissen 3, S. 77–79

3.3 Gliedern und Erfassen ganzer Texte

Größere Texte kann man zunächst in Abschnitte gliedern und diese dann in einer Verbindung von Satz- und Texterschließung im Einzelnen durchgehen: Man unterstreicht die Verbformen, umrahmt unterordnende Konnektoren, trennt Kola ab, sucht gleichzeitig den Sinn der Abschnitte zu erfassen und mit dem jeweils vorigen zu vergleichen. Dabei kann man sich ein Wortfeld farblich markieren. Währenddessen oder zuvor beobachtet man auch den Textaufbau anhand der Konnektoren, Tempora, Modi usw.

Charakterkurven

Die Wertung einer Person durch den Autor sowie die Wirkung dieser Person auf Sie, den Leser, können Sie besonders gut durch sogenannte Charakterkurven ermitteln. Manchmal heißen diese Darstellungen auch „Sympathiekurven".

- Stellen Sie (gemeinsam mit Ihrer Lerngruppe) verschiedene Eigenschaften einer Person oder einer Personengruppe zusammen, die Ihnen bei der Lektüre eines Textes auffallen. Tragen Sie sie in der ersten Spalte einer Tabelle ein.
- Geben Sie an, wie stark diese Ihrer persönlichen Ansicht nach auf die Person, welche charakterisiert werden soll, zutreffen. Setzen Sie dazu jeweils ein x in die entsprechende Spalte.
- Markieren Sie jedes x mit einer Indexnummer (x_1, x_2 usw.) und führen Sie unter der Tabelle die Begründung für Ihre Wertung an. Die Begründung kann erfolgen:

  a) aus dem gelesenen Text (mit Stellenangabe und Zitat) –

  b aus Ihrer sonstigen Lektüre oder aus Ihren Geschichtskenntnissen –

  c) aus Ihrer inneren Einstellung zu bestimmten Fakten und Verhaltensweisen.
- Verbinden Sie alle x-Markierungen mit einer Linie. Das ist die Charakterkurve.
- Vergleichen Sie die Wertungskurven mit denen Ihrer Lerngruppe und diskutieren Sie Ihre eigenen und andere Wertungen.

Besonders gut lassen sich die unterschiedlichen Wertungen vergleichen, wenn Sie dieses Muster auf eine Klarsichtfolie übertragen, dort ausfüllen und dann mehrere Folien (nicht mehr als 3 oder 4) übereinander legen.

Beispiel 1: **Charakterkurve für Herrscher (am Beispiel Romulus, Texte 2–3)**

	stark	mittel	wenig	gar nicht
psychisch geschädigt*				
sozial benachteiligt*				
fremdbestimmt				
selbstbestimmt				
einsatzfreudig				
wild, Naturkind				
ungebildet				
gewalttätig				
stark				
klug, planvoll				
populär				
gesellig				
charismatisch*				

(*psychisch geschädigt: traumatisiert (= verletzt), z. B. durch ein Erlebnis in der Kindheit. – sozial benachteiligt: z. B. durch Herkunft, Armut. – charismatisch: von besonderer Ausstrahlungskraft auf andere Menschen)

Begründungen: x_1: … x_2: … (usw.)

Beispiel 2: **Charakterkurve für Herrscher (am Beispiel Tarquinius Superbus, Text 9)**

Kriterien: gerecht, ungerecht, gewalttätig, grausam, brutal, freundlich, intelligent, gebildet, psychisch geschädigt, primitiv, Rückhalt in der Bevölkerung, verhasst.

Stilmittel

Oft wendet ein Autor stilistische Mittel fast unbewusst an, denn seine Wirkungsabsicht prägt den Stil. Oft macht er seinen Text auch bewusst wirkungsvoller: Zum Beispiel verwendet er Wörter in einem anderen als dem Normalsinn, d.h. er benutzt sie in einer „Umwendung" oder „Veränderung" (griech. *tropos*) (→ siehe unten Abschnitt 1 Tropen). – Oder er gestaltet die Wortfolge und den Satzbau ungewöhnlich. Diese Erscheinungen nennt man (stilistische) „Figuren" (→ siehe unten Abschnitt 2 Figuren). *Figūra* meint Gestalt und Schönheit der Wortanordnung. Im Lateinischen kann man die Wortstellung viel mehr verändern als im Deutschen, weil die Endungen die Zugehörigkeit eines Wortes zu einem anderen zeigen. Wir bemerken viele der stilistischen Mittel, wenn es uns schwerfällt, den Satzbau und die Wortbedeutungen zu erkennen. In der folgenden Liste sind die häufigsten Mittel, die man im Kopf haben sollte und die als Grundwissen gelten, durch ein vorangesetztes * gekennzeichnet.

1 Tropen

***1 Metapher**: Ein Wort wird durch ein anderes Wort ersetzt, das mit ihm in einem Vergleichsverhältnis steht, z.B. *amōre ārdēns* „vor Liebe brennend" (*a.u.c.* 1,58,2, Text 11); *expūgnātō décore muliebrī* „weil die Ehre der Frau erobert war" wie eine Festung (*a.u.c.* 1,58,5, Text 11).

2 Periphrase: Ersatz eines Wortes durch ein anderes Wort oder durch eine Umschreibung: *mortālēs* „Sterbliche" statt „Menschen" (*a.u.c.* 1,9,8, Text 4).

***3 Litótes** („Schlichtheit"): Die Formulierung mit „nicht + Adjektiv" ist scheinbar bescheiden, bewirkt aber meist Nachdenken und dadurch Verstärkung des eigentlich Gemeinten: *vīrium haud paenitet* „man bereut die Kräfte nicht" (*a.u.c.* 1,8,7, Text 3), d.h. man war ziemlich stolz auf die Kräfte.

4 Emphase: Hervorhebung der vollen Bedeutung eines Wortes: *sī vōs virī estis* „wenn ihr (wirklich) Männer seid" (*a.u.c.* 1,58,4, Text 11).

5 Paronomasie („Wortspiel"), z.B. „Eile mit Weile." – *hostis prō hospite* „als Feind statt als Gastfreund" (*a.u.c.* 1,58,8, Text 11).

2 Figuren

2.1 Figuren der Wortverbindung

***6 Asyndeton** („unverbunden"): Auslassung der Konjunktionen zwischen gleichgeordneten Sätzen oder Satzgliedern: *volēns propitius* „wohlwollend, gnädig" (*a.u.c.* 1,16,3, Text 6).

***7 Polysyndeton** („verbunden", „mehrfach verbunden"): Mehrfache Verwendung von Konjunktionen zwischen gleichgeordneten Sätzen oder Satzgliedern: *Sed iam <u>neque</u> dissimulārī <u>neque</u> ferrī ultrā famēs poterat.* „Aber der Hunger konnte schon <u>weder</u> verheimlicht werden <u>noch</u> länger ertragen werden." (*a.u.c.* 5,48,5, Text 16). – *<u>Nec</u> adīrī ūsquam ad iūstī cursum poterat amnis <u>et</u> posse quamvīs languidā mergī aquā īnfantēs spem ferentibus dabat.* „Man konnte den Fluss <u>einerseits</u> <u>nicht</u> bei seinem richtigen Verlauf erreichen, <u>andererseits</u> machte er denen, die (die Kinder) herbeibrachten, Hoffnung, dass die Kinder in dem noch so trägen Wasser untergehen könnten." (*a.u.c.* 1,4,4, Text 2).

8 Hendiadyoin (griech. „Eins durch zwei"): Verwendung zweier Substantive oder zweier Verben zum Ausdruck einer Sache oder eines Vorgangs mit verschiedenen Aspekten; *fābula ac mīrāculum* „Wundergeschichte" (1,4,7, Text 2); *eius pectoris ingeniīque* „sein Herz und seine Veranlagung" (*a.u.c.* 1,59,8, Text 12).

9 Cōnstrūctiō ad sēnsum („Konstruktion/Satzbau nach dem Sinn"): *Conclāmat vir paterque* „Ehemann und Vater: ein einziges Klagen"; Singular *conclāmat* trotz zweier Subjekte (*a.u.c.* 1,58,11, Text 11).

2.2 Figuren der Wortauslassung

***10 Ellipse** („Auslassung"): Auslassung von Wörtern, die eigentlich für einen syntaktisch korrekten Satz nötig sind. Das ausgelassene Wort ist oft leicht ergänzbar (z.B. Formen von *esse*). – *mīrum* „wunderbar", „ein Wunder" (ohne *est*; *a.u.c.* 1,16,8, Text 6); *aegrē id Rōmāna pūbēs passa* „das ertrugen die jungen Römer mit Ärger" (*a.u.c.* 1,9,6, Text 4) → Einleitung 6 SPR 3, S. 7–8.

11 Zeugma („Joch"): Zwei Wörter hängen von einem Verb ab, das nur mit einem richtig zusammenpasst, sodass man das Verb einmal wörtlich, einmal im übertragenen Sinn verstehen muss, z. B. „Er setzte seine Mütze und ein braves Gesicht auf". – *Sabīnae mulierēs … dīrimere īnfestās aciēs, dīrimere īrās* „die Sabinischen Frauen trennten die Heere, trennten die Zornesausbrüche" (*a.u.c.* 1,13,1, Text 5).

2.3 Figuren der Worthäufung und Wortwiederholung

***12 Anapher** („Wiederaufnahme"): Wiederholung desselben Wortes oder derselben Wortgruppe am Beginn aufeinander folgender Sätze oder Satzabschnitte. Das Wort zieht dadurch die Aufmerksamkeit auf sich und prägt sich ein. Manchmal hat die Anapher einen hymnischen Effekt. *Sī adfīnitātis inter vōs, sī* cōnūbiī piget, in nōs vertite īrās! *Nōs causa bellī, nōs volnerum ac caedium virīs ac parentibus sumus.* (Die Sabinerinnen sagen zu den kämpfenden Römern und Sabinern:) „Wenn euch eure Verwandtschaft miteinander ärgert, wenn euch die Heirat ärgert, dann wendet euren vereinten Zorn auf uns. Wir sind die Ursache des Kriegs, wir sind die Ursache der Wunden und Morde für unsere Männer und Eltern." (*a.u.c.* 1,13,3, Text 5).

13 Polýptoton („mehrere Fälle"): Wiederholung eines Wortes im selben Satz in verschiedenen Kasus, d. h. mit verschiedenen Endungen: *proinde nē gravārentur, hominēs cum hominibus sanguinem ac genus miscēre* „dass Menschen mit Menschen Blut und Familie verbinden" (*a.u.c.* 1,9,4, Text 4).

2.4 Figuren der Wortstellung und Wortanordnung

***14 Parallelismus**: Verwendung ähnlicher Strukturen in zwei oder mehr Sätzen oder Satzabschnitten: *quibus nec domī spēs prōlis nec cum fīnitimīs cōnūbia essent* „denn sie hatten weder zu Hause Hoffnung auf Nachkommenschaft noch gab es mit den Nachbarn Heiraten"; Abfolge zweimal Adverbiale – Subjekt (*a.u.c.* 1,9,1, Text 4).

***15 Chiasmus**: Umgekehrte und dadurch spiegelbildliche Reihenfolge der Satzglieder in zwei aufeinander folgenden Sätzen oder Satzabschnitten: *nē parricīdiō maculārent partūs suōs, nepōtum illī, hī līberum prōgeniem* „sie sollten nicht durch Verwandtenmord ihre Nachkommenschaft verletzen, von Enkeln die einen, die andern die von Kindern". Abfolge: Genitivattribut zu *prōgeniem* – Subjekt, Subjekt – Genitivattribut zu *prōgeniem* (*a.u.c.* 1,13,1, Text 5).

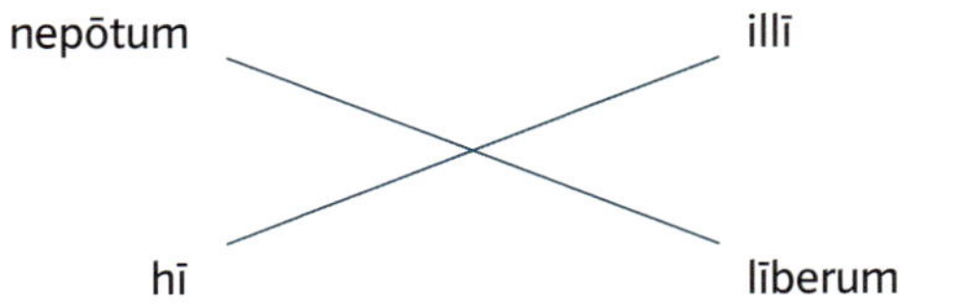

***16 Hyperbaton** („Hinüberspringen"): Zwei zusammengehörende Wörter sind durch ein anderes Wort (manchmal auch mehrere Wörter) getrennt. Wenn das erste Wort ein Attribut ist, muss man es im Kopf behalten, bis das zugehörige Substantiv erscheint, erst dann kann man es darauf beziehen. Wenn das Attribut später als das Substantiv kommt, wirft es rückwirkend ein neues Licht auf den Inhalt des Substantivs. In beiden Fällen wirkt der Inhalt des Attributs länger: *pestiferum hinc abstulit gaudium* „zum Verderben hat er von hier weggenommen Freude" (*a.u.c.* 1,58,8, Text 11).

17 Abbildende Wortstellung: Die Abfolge der Wörter bildet in gewisser Weise das Dargestellte ab: *tempestās … tam dēnsō rēgem operuit nimbō* „ein Unwetter umhüllte den König mit einem so dichten Platzregen"; *tam dēnsō* und *nimbō* umrahmen oder umgeben *rēgem*, der dichte undurchsichtige Regenfall hüllt den König ein und macht ihn unsichtbar (*a.u.c.* 1,16,1, Text 6).

18 Prolepsis („Vorwegnahme"): Betonte Voranstellung eines Wortes, das vor der Gliedsatzeinleitung statt innerhalb eines Gliedsatzes steht: *quō terrōre cum vīcisset obstinātam pudicitiam velut vī victrīx libīdō* „als durch diesen Terror die sozusagen durch Gewalt siegreiche Lust die ausdauernde Scham besiegt hatte"; *terrōre* steht betont voran (*a.u.c.* 1,58,5, Text 11).

***19 Klangwirkungen**, z. B. durch Häufung von Wörtern mit ein und demselben Vokal oder durch **Alliteratión** (Stabreim): Eine Folge von Wörtern beginnt mit demselben Buchstaben: *multī mortālēs convēnēre* „viele Sterbliche kamen zusammen" (*a.u.c.* 1,9,8, Text 4).

2.5 Gedankenfiguren durch Wortwahl, Wortstellung, syntaktische Besonderheiten

Diese Erscheinungen haben Gemeinsamkeiten mit schon genannten, lassen sich aber nicht nur einer der vorherigen Gruppen zuordnen.

*20 **Antithese** („Gegenüberstellung, Gegensatz"): Nebeneinanderstellung von gegensätzlichen Gedanken: *īrā magis quam cōnsiliō* „mehr mit Zorn als mit Überlegung" (*a.u.c.* 5,49, 5, Text 16).

*21 **Oxýmoron** („verblüffende Pointe"): Zusammenstellung von einander widersprechenden Begriffen: *pestiferum hinc abstulit gaudium* „er hat von hier ein Vergnügen weggetragen, das verderbenbringend ist" (*a.u.c.* 1,58,8, Text 11).

*22 **Rhetorische Frage**: Frage, die keine Antwort will, sondern etwas behauptet: *quid enim salvī est mulierī āmissā pudīcitiā?* „Was ist für eine Frau noch in Ordnung, wenn die Scham verloren ist?", d.h.: Nichts ist in Ordnung ... (*a.u.c.* 1,58,7, Text 11).

*23 **Vergleich**: Ein Sachverhalt wird durch Vergleich mit einem Sachverhalt aus einem anderen Bereich verdeutlicht: *velut orbitātis metū icta silentium obtinuit* „wie von Angst vor Vaterlosigkeit geschlagen bewahrte sie Schweigen" (*a.u.c.* 1,16,2, Text 6).

24 **Gleichnis**: Eine bildhafte Darstellung aus einem anderen Bereich sagt etwas zum behandelten Gegenstand, ohne dass ein Vergleich mit Wörtern wie „so – wie" vorgenommen wird. Die Fabel vom Bauch und den Körpergliedern (Text 15) ist ein solches Gleichnis. → Informationen zu Text 15.2, S. 71–73

Namensverzeichnis

A

Aeneās, -ae *m.*: Aeneas - *a.u.c.* 1–3 (Einleitung zu Text 2)

Aequī, -ōrum *m. Pl.*: die Aequer, latinischer Stamm an beiden Ufern des Anio. - Einleitung zu Text 2

Alba Longa, Albae Longae: Hauptstadt der → Albānī. - *a.u.c.* 1,3 (Referat); 1,25,14 (Text 7)

Alba, Albae *f.*: (die Stadt) Alba Longa. - *a.u.c.* 1,25,14 (Text 7)

Albānī, -ōrum *m. Pl.*: die Albaner, damals ein Volk in den Albanerbergen, östlich von Latium; Hauptstadt war Alba Longa, der Sage nach von Ascanius, dem Sohn des Aeneas, gegründet. - *a.u.c.* 1,3 und 1,6 (Referat zu Text 2); 1,24,3 und 9 (Text 7); 1,26,10 (Text 8)

Albānus, -a, -um: albanisch. - *a.u.c.* 1,25,14 (Text 7)

Albīnus: Titus Albinus, einer der ersten Volkstribunen 494 v. Chr. - *a.u.c.* 2,33,2 (Text 15.3)

Allia, -ae *f.*: die Allia, kleiner Fluss in Latium. Dort hatten die Römer ca. 390 v. Chr. im Kampf gegen die eindringenden Kelten/Gallier eine schwere Niederlage erlitten. - *a.u.c.* 5,49,5 (Text 16)

Amulius, -ī *m.*: Amulius, vertreibt den mitregierenden Bruder Numitor und zwingt dessen Tochter Rea Silvia, Vestalin zu werden. - *a.u.c.* 1,3 (Text 2, Referat); 1,5 (Text 3)

Antemnātēs, -ium *m. Pl.*: die Antemnaten, Einwohner von Antemnae, einer alten Stadt im Sabinerland, ursprünglich eine Stadt der Latiner, dann von Sabinern eingenommen. - *a.u.c.* 1,9,8 (Text 4)

Ardea, -ae *f.*: Ardea, Stadt in → Latium, von den Rutulern bewohnt, bekannt durch deren König Turnus, den → Aeneas der Sage nach im Zweikampf besiegte. Die Stadt lag auf einem Hügel, der steil abfiel und nach Osten zusätzlich durch zwei vorgelagerte Erdwälle gesichert war. Die Umgebung war sumpfig und daher ungesund. - *a.u.c.* 1,57,13; 1,58,5 und 11 (Text 10); 1,59,12; (Text 12); 5,48,5 (Text 16)

Arrūns Tarquinius: Sohn des Königs Lucius → Tarquinius Superbus. - *a.u.c.* 1,56,7

Aventīnus, -ī *m.* / **Aventīnum, -ī** *n.*: der Aventin, einer der sieben Hügel Roms. - *a.u.c.* 1,7

B

Brennus (*rēgulus*, der „kleine König"): der Anführer der in Italien eindringenden Kelten. → Gallī. - *a.u.c.* 5,48,8 (Text 16)

Brūtus: Lucius Iunius Brutus, ein Sohn Tarquinias und damit Neffe des letzten Königs Lucius Tarquinius Superbus. Er trägt zwar den Vornamen seines Onkels, aber hat den Namen der Familie, in die Tarquinia hineinverheiratet wurde, die *gēns Iūnia*. Als Beinamen hat er Brutus „der Dumme, Blödian". Er hatte sich lange als dumm verstellt, um nicht von Tarquinius Superbus als gefährlich angesehen und verfolgt zu werden. Er vertreibt schließlich den letzten König Lucius → Tarquinius Superbus und wird erster Konsul in Rom. - *a.u.c.* 1,59,1–13,1; 1,60,1–3; 2,5 (Text 12)

C

Caenīnēnsēs, -ium *m. Pl.*: die Caeninenser, Einwohner von Caenīna, einer kleinen Stadt in Latium - *a.u.c.* 1,9,8 (Text 4)

Cāius Licinius: einer der ersten Volkstribunen im Jahr 494 v. Chr. - *a.u.c.* 2,33,2 (Text 15.3)

Camillus: Marcus Furius Camillus, eroberte 396 v. Chr. die Stadt → Veji und machte sie römisch. Die Römer wählten ihn 387 v. Chr. nach einer vernichtenden Niederlage gegen die Gallier an dem Fluss → Allia zum Dictator (Befehlshaber auf eine begrenzte Zeit). - *a.u.c.* 5,48 (Text 16)

Capitōlīnus, -a, -um: kapitolinisch, auf oder vom Kapitolinischen Hügel in Rom; dieser wurde 390 v. Chr. von den keltischen Senonern sieben Monate lang belagert. → Brennus, Galli. - *a.u.c.* 5,48,6 (Text 16)

Caprae palūs, palūdis *f.*: der Ziegensumpf (auf dem späteren Marsfeld in Rom). - *a.u.c.* 1,16,5 (Text 6)

Celerēs, -um *m. Pl.*: die „Schnellen", die „Renner"; angeblich hießen so die 300 berittenen Leibwächter des Romulus. - *a.u.c.* 1,15,8; 1,59,7 (Text 12).

Circa, -ae *f.*: Kirke, Zauberin, auf deren Insel sich Odysseus eine Zeit lang auf seiner Rückfahrt von Troja nach Ithaka aufhielt. Sie gebar ihm einen Sohn namens Telégonus. - *a.u.c.* 1,49,9 (Text 9)

Cloelia, -ae: Cloelia, aus der albanischen Familie der Cloelier; sie erhielten von König Tullus Hostilius das Recht, ein Mitglied in den römischen Senat zu entsenden. - *a.u.c.* 2,13,6 (Text 14)

Cocles: Horatius Cocles, verteidigte eine Brücke gegen die Soldaten Porsennas. - *a.u.c.* 2,13,8 (Text 14)

Collātia: latinisches Städtchen, Wohnort des → Collatinus, der nach dem Namen der Stadt benannt wurde. - *a.u.c.* 1,57,6; 9 (Text 10); 1,58,1 (Text 11); 1,59,5; 7 (Text 12)

Collātīnus: Lucius Collatinus Tarquinius, Sohn des Egerius Tarquinius und Neffe des Lucius → Tarquinius Superbus. - a.u.c. 1,57,6 (Text 10); 1,58,1; (Text 11); 1,59,2 (Text 12)

Cōnsuālia, -ium *n. Pl.*: die Konsualien, Fest für den Gott Consus, von Romulus geschaffen, jährlich am 21. August und 15. Dezember gefeiert. → Neptūnus equestris,

Cōnsus. - *a.u.c.* 1,9,6 (Text 4)

Cōnsus, -ūs *m.*: Konsus, Gott der fruchtbaren Erde und des Ackerbaus. - *a.u.c.* 1,9,6 (Text 4)

Crustumīnī, -ōrum *m. Pl.*: die Crustuminer, Einwohner von Crustumerium (auch: Crustumeria), einer alten Stadt im Sabinerland an den Quellen des Flusses → Allia. - *a.u.c.* 1,9,8 (Text 4)

Cūrēs, -ium *f. Pl.*: Cures, alte Stadt, Hauptstadt der Sabiner, Königssitz. - *a.u.c.* 1,13,5 (Text 5)

cūria, -ae *f.*: Kurie, **cūriae, -ārum** *f. Pl.*: die Kurien, Abteilungen oder „Klassen", in die Romulus die patrizischen Familien gruppierte. Es gab insgesamt 30 Kurien. Das Gebäude, in dem sich die Vertreter der Familien trafen, hieß später ebenfalls *cūria*. - *a.u.c.* 1,13,6 (Text 5)

Cūriātiī, -ōrum *m. Pl.*: die Curiatier, eine Familie aus Alba Longa, später in Rom eingebürgert. - *a.u.c.* 1,24,1 (Text 7); 1,26,2; 10 (Text 8)

Curtius lacus, Curtiī lacūs *m.*: Name normalwerweise *lacus Curtius*: der Curtiussee, ein nach → Curtius benannter ganz kleiner See auf dem Forum Romanum. Er wurde aufgefüllt, aber die Auffüllung senkte sich. In den entstandenen Erdspalt wurde nach dem Vorbild des Curtius ein Opfer gestürzt und er schloss sich. - *a.u.c.* 1,13,5 (Text 5)

Curtius, -ī *m.*: Marcus Curtius, aus der berühmten römischen Familie der Curtier, soll sich laut Livius 7,6,3 in einen Erdspalt gestürzt haben, der sich bei einem Erdbeben auftat. Daraufhin hat sich der Erdspalt geschlossen. Die Tat galt als heldenhaft, weil Curtius auf diese Weise erzürnte Götter versöhnen wollte oder versöhnt hat. - *a.u.c.* 1,13,5 (Text 5)

D

decémvirī, decemvirōrum *m. Pl.:* Dezémvirn, Zehnmänner, ein Kollegium von zehn Männern, die eine Zeit lang wie Könige oder Tyrannen regierten.

Diēspiter, Diēspitris *m.*: Diēspiter (wörtl. „Tagvater") → Iuppiter. - *a.u.c.* 1,24,8 (Text 7)

duumvirī, -ōrum *m. Pl.*: wörtl. „die Zweimänner", Kollegium aus zwei Männern, die einen bestimmten Auftrag haben und hohe Macht wie Konsuln besitzen. - *a.u.c.* 1,26,7 (Text 8)

E

Egerius Tarquinius und Neffe des Lucius → Tarquinius Superbus. - *a.u.c.* 1,57,6 (Text 10); 1,58,1 (Text 11); 1,59,2 (Text 12)

Etruscī, -ōrum *m. Pl.*: die Etrusker, Bewohner von *Etrūria* nördlich von Latium. - *a.u.c.* 2,13,6 (Text 13)

F

Faunus, ī *m.* → Abb. 2: Faunus war vermutlich ursprünglich ein König in Latium. → Kirke verliebte sich in ihn, er wies sie ab, sie verwandelte ihn darauf in einen Specht. Im Volksglauben wird er in Gestalt einer hölzernen Säule mit einem Specht auf seinem Kopf dargestellt. - Der Vater des Faunus ist der weissagende Naturgott **Pīcus**. Dessen Vater ist Saturnus, der uralte italische Gott, der später mit dem griechischen Gott Kronos gleichgesetzt wurde, dem Vater des Zeus (römisch: Jupiter). Faunus wiederum ist Vater des Latinus, des alten Herrschers in Latium, der Aeneas nach seiner Flucht aus Troja bei sich aufnahm. - Faunus wurde Gott der Felder und Wälder und der Weissagung, dann mit dem griechischen Gott Pan gleichgesetzt und so Gott der Tierwelt, die nach ihm Fauna heißt. Die Gleichsetzung mit Pan gab ihm auch den Namen → Lupercus. - *a.u.c.* 1,4 (Text 2)

Faustulus, -ī *m.*: Faustulus, ein Hirte in der Umgebung des Tibers, der Romulus und Remus fand und zusammen mit seiner Frau Larentia aufzog. Im Namen steckt das Verb *favēre* „günstig sein" bzw. das Adjektiv *faustus, -a, -um* „glücklich", weil vom Schicksal begünstigt, und der Stamm *tul-* von *ferre, tul-ī* „bringen". Das Wort meint eigentlich „Heilsbringer, Retter". Der Name war auch ein Beiname des Naturgottes → Faunus. - *a.u.c.* 1,4,6 (Text 2); 1,5 (Text 2)

G

Gaius Mūcius Scaevola: römischer Bürger → Mūcius. - *a.u.c.* 2,12,2 (Text 13.1)

Gāius Sicinius Bellūtus (oder Vellūtus): ein Führer der Plebs bei ihrem Auszug auf den Heiligen Berg 494 v. Chr., danach einer der ersten Volkstribunen. - *a.u.c.* 3,54 (vgl. Einleitung zu Text 15.1)

Gallī, -ōrum *m.*: römischer Gesamtname für die keltischen Völker diesseits und jenseits der Alpen. Oberitalien war Siedlungsgebiet der Kelten und wurde früh zur römischen Provinz *Gallia citerior* oder *cisalpīna*. - *a.u.c. 5,48,7* (Text 16). - Die keltischen Senonen kamen 387 v. Chr. mit der aufstrebenden römischen Republik in Konflikt, als die etruskische Stadt Clusium sie um Beistand bat. Die aus römischer Sicht verheerendste Begegnung ihrer Geschichte war die Schlacht an der → Allia gegen die Senonen und Boier. Die siegreichen Kelten plünderten in der Folge die Stadt Rom, und nur die Burg auf dem Kapitol konnte von den Verteidigern gehalten werden - der Legende zufolge verhinderten die schnatternden Gänse der Göttin Juno einen heimlichen nächtlichen Angriff der Gallier auf die Burg. Ein Einfall der Veneter in Oberitalien und die anstrengende Belagerung des Kapitols bewegten die Kelten zum Rückzug. - *a.u.c.* 5,49,5 (Text 16)

gēns Horātia, gentis Horātiae *f.*: die Familie der Horatier → Horātius. - *a.u.c.* 1,26,13 (Text 8)

H

Horātia, -ae *f.*: Horatia, Schwester des jüngeren Pūblius → Horātius, von ihm wegen ihrer Trauer um den ermordeten Curiatier ermordet. – *a.u.c.* 1,26,14 (Text 8)

Horātiī, -ōrum *m. Pl.*: die Horatier, eine römische Großfamilie. Ihre Mitglieder werden von Livius manchmal nur mit dem Gentilnamen bezeichnet. – *a.u.c.* 1,24,1–2; 9 (Text 7)

Horātius: Horatius Cocles, verteidigte eine Brücke gegen die Soldaten Porsennas im Krieg der jungen Republik gegen den etruskischen König Lars → Porsenna und wird Urbild römischer Ausdauer und Selbstaufopferung. – *a.u.c.* 2,13,8 (Text 14)

Horātius: Marcus Horatius Pulvillus, Konsul für den Rest des Jahres 509 v. Chr., nachdem der Konsul Brutus gefallen war. – *a.u.c.* 1,24–25 (Text 7)

Horātius: Publius Horatius, der siegreiche der drei Horatier, die gegen die Curiatier kämpfen, und der danach seine Schwester Horātia tötete. – *a.u.c.* 1,24–25 (Text 7)

Horātius: Publius Horatius, der Vater des siegreichen Publius Horatius, der diesen nach seiner Mordtat verteidigte. – *a.u.c.* 1,24–25 (Text 7)

I

Iāniculum, -ī *n.*: der Janushügel auf der rechten Tiberseite, heute Gianicolo in Trastevere. – *a.u.c.* 2,13,4 (Text 13.2)

Iūlius: Gaius Iulius Caesar und sein Adoptivsohn Augustus stammen aus der Familie der Iulier. Vergil führt in seiner *Aeneis* das Geschlecht der Iulier auf den Sohn des Aeneas zurück. Dieser, so prophezeit dort Jupiter, werde Íulus heißen, und daraus werde der Namen *Iūlius* gemacht werden. Damit sind Gaius Iulius Caesar und Augustus als Mitglieder einer der ältesten Familien Roms erwiesen. – *a.u.c.* 1,16,5 (Text 6)

Iuppiter, *Gen.* **Iovis** *m.*: Jupiter, der höchste Gott der Römer. Der Name ist zusammengesetzt aus *Iov* „Licht" und *pater* „Vater". *Iov* im Gen. *Iovis* ist die Kurzform eines Wortstamms *djov*, der sich auch in *diēs* „Tag" findet. Eine andere, ältere Form von *Iuppiter* ist entsprechend → Diēspiter. – *a.u.c.* 1,24,7 (Text 7)

L

Lārentia, -**ae**: Larentia, Frau des → Faustulus. – *a.u.c.* 1,4,7 (Text 2)

Lātīnī, -ōrum *m.*: die Latiner, Bewohner von Latium, der Gegend direkt südlich von Rom, zwischen Rom und Campania (Kampanien). – *a.u.c.* 1,3; 1,6 (Text 2); 1,49,8 (Text 9); Einleitung zu Text 15,1

Lātium: → Lātīnī. – *a.u.c.* 1,3 (Text 2)

Lāvīnia → Aeneās. – Einleitung zu Text 2

Lāvīnium → Aeneās. – Einleitung zu Text 2

Lūcerēs, -um *m.*: die Lucerer/Lukerer, anderer Name für die Tusker. Nach der Neuorganisation der römischen Bevölkerung durch Romulus eine der drei Volksgruppen (Tribus). – *a.u.c.* 1,13,8 (Text 5)

Lūcius Iūnius Brūtus: Sohn Tarquinias und Neffe des Königs Lucius → Tarquinius Superbus. – *a.u.c.* 1,58,6 (Text 11)

Lucrētia, -ae: Tochter des Spurius Lucretius Tricipitinus, Ehefrau des Tarquinius Collatinus. – *a.u.c.* 1,57,7; 9; 10 (Text 10); 1,58,2; 1,58,5 (Text 11); 1,59,1,2,3,8,12 (Text 12)

Lucrētius, -ī: Spurius Lucretius → Tricipitīnus. – *a.u.c.* 1,57,7; 9; 10 (Text 10); 1,58,2; 1,58,5 (Text 11)

lupa, -ae *f.*: 1. *konkrete Bedeutung*: Wölfin; 2. *übertragene Bedeutung*: Prostituierte, Hure. – *a.u.c.* 1,4,6 (Text 2)

Lupercus, -ī *m.*: Lupercus, meint sowohl Wolfsgott als auch Wolfsabwehrer. Sein Fest wurde im Februar gefeiert und hieß *Lupercālia, -ium n. Pl.* – Ovid schildert das Fest in seinem „Festkalender", *Fāstī*, 2,193–532. – *a.u.c.* 1,4 (Text 2)

M

Mānlius: Marcus Manlius Capitolinus, rettete das Kapitol vor den Galliern. – *a.u.c.* 5,47,4 (Einleitung zu Text 16); 6,11

Mārs, Mārtis *m.*: (der Gott) Mars, überfällt dem Mythos nach → Rea Silvia und wird Vater von Romulus und Remus. Gott des Krieges, aber auch Vegetationsgott und insofern → Faunus ähnlich, von dem er viele Funktionen im Kult übernommen hat. Mars bildete mit Jupiter und Quirinus (dem späteren Namen des Romulus) die Götterdreiheit der wichtigsten Götter in Rom. Nach ihm ist der Monat *Mārtius* benannt, der früher am Beginn des Jahres als der Monat stand, in dem die Vegetation und die Schifffahrt wieder beginnen und Kriege nach der Winterpause wieder aufgenommen werden. – *a.u.c.* 1,4,2 (Text 2); 1,25,11 (Text 7)

Menēnius Agrippa: meist in dieser Reihenfolge genannt, obwohl der Vorname Agrippa ist. Konsul aus plebeischem Stand, erzählt die Fabel vom Bauch und den Körperteilen. – *a.u.c.* 2,32,8 (Text 15.2)

Mettius: Mettius Fufetius, organisierte nach dem Zweikampf der Drillingspaare der Horatier und Curiatier insgeheim 665 v. Chr. einen Aufstand der Albaner gegen Rom. Der dritte römische König Tullus Hostilius (König von 672–640 v. Chr.) baute auf eine offizielle Hilfszusage des Mettius, wurde aber von diesem im Stich gelassen. Darauf ließ er Mettius Fūfētius wegen Verrats zwischen zwei Pferdewagen spannen und so zerreißen. – *a.u.c.* 1,26,1 (Text 8)

Mūcia prāta: Muciuswiesen (ein Park). – *a.u.c.* 2,13,5 (Text 13.2)

Mūcius: Gaius Mucius Scaevola („der Linkshänder"), römischer Bürger, flößte 508 v. Chr. dem feindlichen König → Porsenna durch seinen Todesmut Respekt vor den Römern ein. - *a.u.c.* 2,13,1 (Text 13.2); 2,13,6–11 (Text 14)

N

Neptūnus equestris, Neptūnī equestris: der Pferdegott Neptun, griechisch: *Poseidon Hippios*. Neptun, Gott des Meeres und des Wassers, entspricht dem griechischen Gott Poseidon. Dieser wurde in alten Darstellungen mit Merkmalen eines Pferdes dargestellt. Bei Livius ist Neptun zudem mit dem altitalischen Gott → Cōnsus gleichgesetzt. - *a.u.c.* 1,9,6 (Text 4)

Numitor, -ōris *m.*: Mitregent von Alba Longa, dann von seinem Bruder Amulius aus der Herrschaft vertrieben; Vater der → R(h)ea Silvia. - *a.u.c.* 1,5 (Text 3)

O

Octāvius Māmilius Tusculānus: Octavius Mamilius aus Tusculum, leitetet seine Familie von Māmilia ab, der Tochter des Telégonus, der wiederum Sohn des Odysseus und der Kirke (→ Circa) war. Er heiratete eine Tochter des → Tarquinius Superbus, organisierte 503 v. Chr. einen Krieg aller 30 Staaten des sog. latinischen Bunds, einem Städtebund, gegen Rom. In der Schlacht am See → Rēgillus 499 v. Chr., starb er in einem Zweikampf. - *a.u.c.* 1,49,9 (Text 9)

P

Palatīnus, -ī *m.*: einer der sieben Hügel Roms. - *a.u.c.* 1,7 (Text 2)

Pila Horātia, Pilōrum Horātiōrum *n. Pl.*: „Wurfspieße der Horatier", Ort, an dem Horatius die Rüstungen, die er seinen Gegnern, den Curiatiern, abgenommen hatte, zur rühmenden Erinnerung aufstellte. - *a.u.c.* 1,26,10 und 11 (Text 8)

Porsenna/Porsinna, -ae *m.*: etruskischer König in der Stadt Clusium. - *a.u.c.* 2,12,1 (Text 13.1); 2,13,1 (Text 13.2)

porta Capēna, portae Capēnae *f.*: das Kapenische Tor, ein Haupttor in der alten Befestigungsmauer Roms, die von König Servius → Tullius errichtet wurde. - *a.u.c.* 1,26,2 (Text 8)

Proculus: Iulius Proculus, Vertrauter des Romulus, der dem Volk die Nachricht von seiner Erhebung unter die Götter überbringt. - *a.u.c.* 1,16,5 (Text 6)

Publius Horātius: → Horātius. - *a.u.c.* 1,26,2; 7; 8; 9 (Text 8)

Pūblius Valerius: aus der patrizischen *gēns Valeria*, Zeuge → Lucrētias, hilft → Brūtus bei der Vertreibung des Königs → Tarquinius Superbus. - *a.u.c.* 1,58,6 (Texte 11)

Q

Quīntus Sulpicius: Militärtribun mit konsularischer Gewalt, d.h. Konsulartribun, der mit dem gallischen Führer Brennus verhandelt. - *a.u.c.* 5,48,8 (Text 16)

Quirītēs, -ium *m. Pl.*: die Quiriten; a) die Einwohner der alten sabinischen Stadt → Cūrēs; b) Beiname der Römer: *Rōmānī Cūrēs*; c) Anrede an die Römer, wenn sie als Staatsbürger Roms angesprochen wurden, z.B. in Volksversammlungen. Die Römer hießen weiterhin *Rōmānī*, wenn es um Innen- oder Außenpolitik oder um Krieg ging. - *a.u.c.* 1,13,5 (Text 5); 1,16,6 (Text 6); 1,24,5 (Text 7); 1,26,5; 10 (Text 8)

R

R(h)ea Silvia: Tochter des Königs Numitor in Alba Longa, von Mars Mutter des Romulus und des Remus. Ihr Onkel Amulius vertreibt den Vater aus der Macht und zwingt sie, Vestalin zu werden. Vestalinnen sind die Priesterinnen der Göttin Vesta, die als eine Schützerin des Staates gilt; sie sind verpflichtet, unverheiratet zu bleiben und sexuell enthaltsam zu sein. So glaubt Amulius verhindern zu können, dass ihm ein Konkurrent aufgrund seiner Abstammung die Macht beanspruchen kann. Zur Schreibweise → Information 2 zu Text 2 - *a.u.c.* 1,3 (Einleitung zu Text 2)

Ramnēnsēs, -ium *m.*: die Ramnenser, meist: **Ramnēs, -ium**: anderer (wohl griechischer) Name für die Latiner. Livius leitet den Namen von → Romulus ab; nach der Neuorganisation der römischen Bevölkerung durch Romulus eine der drei Volksgruppen in den Tribus. - *a.u.c.* 1,13,8 (Text 5)

Remus, -ī *m.*: Remus, Sohn des Mars und der → R(h)ea Silvia, Zwillingsbruder des → Rōmulus. - *a.u.c.* 1,4,2 (Text 2)

Rōma, -ae *f.*: Rom. - *a.u.c.* 1,6–8 (Text 2 und 3); 1,58,6 (Text 11); 1,59,1; 5 (Text 12)

Rōmānī, -ōrum *m. Pl.*: Römer. - *a.u.c.* 1,24,3 (Text 7) u.ö.

Rōmānus, -a, -um: römisch, aus Rom. - *a.u.c.* 1,9,1 (Text 4); 1,59,9 (Text 12)

Rōmulāris, -e: romularisch, von → Rōmulus abgeleitet. - *a.u.c.* 1,4,5 (Text 2)

Rōmulus, -ī *m.*: Romulus, Sohn des → Mars und → R(h)ea Silvias, Zwillingsbruder des Remus, Gründer und erster König Roms. - *a.u.c.* 1,4,2 (Text 2); 1,9,2; 14 (Text 4); 1,13,6; 1,13,8 (Text 5); 1,16,1 (Text 6); 1,49,1 (Text 9)

Ruminālis, -e: ruminalisch. **Rumina** hieß eine alte Fruchtbarkeitsgöttin, dazu das Adjektiv **Ruminālis**: Gemäß dem antiken Autor Festus wurde der Feigenbaum Rumina-Feigenbaum genannt, weil unter diesem die Wölfin ihre Brust (*mamma*) Romulus und Remus gegeben hatte; *mamma* „Brust" wird *rumis* genannt. Die Umdeutung des Namens von *Ruminālis* zu *Rōmulāris* dient der Identifizierung mit dem Gründer Roms. - *a.u.c.* 1,4,5 (Text 2)

Rutulī, -ōrum *m. Pl.*: die Rutuler, Volksstamm in Latium, drangen in → Ardea ein und bildeten mit dessen Bewohnern ein gemeinsames Volk. - *a.u.c.* 1,57,1 (Text 10)

S

Sabīnī, -ōrum *m. Pl.*: die Sabiner, eines der ältesten Völker Italiens, Grenznachbarn der Latiner und Umbrer, wohnten in den hochgelegenen Tälern der Apenninen. - *a.u.c.* 1,9,9; 1,10,1 (Text 4)

Sabīnus, -a, -um: sabinisch. - *a.u.c.* 1,13,1 (Text 5)

Sacra via: heilige und zentrale Straße durch das Forum Romanum zum Palatin. - *a.u.c.* 2,13,11 (Text 13.2)

Sextus Tarquinius: Sohn des siebten römischen Königs L. Tarquinius Superbus. - *a.u.c.* 1,57,6; 10 (Text 10); 1,58,1 (Text 11); 1,59,8 (Text 12)

Sicinius: → Gāius Sicinius Bellūtus

Spurius Fūsius: der römische „Eidesvater", d. h. Leiter und „Garant" des Vertrags, den zur Zeit des Königs Tullius die Römer und Albaner vor dem Kampf der Drillingspaare der Horatier und Curiatier abschließen. - *a.u.c.* 1,24,6 (Text 7)

Spurius Lucrētius Tricipitīnus: Vater → Lucrētias - *a.u.c.* 1,46-48 (Text 9); 1,58,6 (Text 11)

T

Tarquiniī, -ōrum *m. Pl.*: 1. Tarquinii, Stadt in Etrurien; 2. die Tarquinier, Bewohner Tarquiniis, insbes. die Herrscherfamilie der Tarquinier. - *a.u.c.* 1,57,10 (Text 10); 2,13,3 (Text 13.2)

Tarquinius: Lūcius Tarquinius Superbus, siebter und letzter König von Rom, Tyrann, von → Brūtus vertrieben. - *a.u.c.* 1,49,1 (Text 9); 1,59,1; 9 (Text 12)

Thalassius, -ī *m.*: Thalassius, unbekannter Mann. Der nach ihm benannte „Hochzeitsruf" *(nūptiālis vōx)* lautete: **Thalassiō**! „für Thalassius!" - *a.u.c.* 1,9,12 (Text 4)

Tiberis, -is *m.*: der Tiber, größter Fluss in Mittelitalien, 405 km lang. Unterhalb des Kapitols in Rom teilt sich der Fluss und umfließt eine Insel, sodass dort ein Flussübergang möglich war und sich auf dem Palatinhügel Latiner ansiedelten, Grundlage des künftigen Roms. - *a.u.c.* 1,4,2 (Text 2); 2,13 (Text 14)

Titiēnsēs, -ium *m.*: die Titienser, anderer Name für die Sabiner (→ Sabīnī), nach ihrem König → Titus Tatius benannt; nach der Neuorganisation der römischen Bevölkerung durch Romulus eine der drei Volksgruppen in den drei römischen Bezirken (Tribus). - *a.u.c.* 1,13,8 (Text 5)

Titus Albinus: einer der ersten Volkstribunen 494 v. Chr. - *a.u.c.* 2,13,6-11 (Text 14)

Titus Tatius: König der Sabiner zur Zeit des Romulus - *a.u.c.* 1,10,1 (Text 4); 1,13,8 (Text 5)

Tricipitīnus: Spurius Lucrētius Tricipitīnus, Vater → Lucrētias, Nachfolger des → Brūtus im Konsulat. - *a.u.c.* 1,59,8; 1,59,9 (Text 12)

Tullia (1): Tochter des → Servius Tullius, Frau des → Tarquinius Superbus, von ihrer Schwester Tullia (2) getötet. - *a.u.c.* 1,59,14-16 (Text 9). - **Tullia** (2): Tullia die Jüngere. Tochter des Königs → Servius Tullius, tötete ihre Schwester Tullia (1), die mit → Tarquinius Superbus verheiratet war, danach auch zusammen mit diesem ihren Vater. - *a.u.c.* 1,59,13 (Einleitung zu Text 12).

Tullus: Tullus Hostilius, von 672-640 v. Chr. dritter König der Römer, gewährte eine milde Bestrafung des jüngeren Pūblius → Horātius. - *a.u.c.* 1,24,4 (Text 7); 1,26,1 und 8 (Text 8).

Tullius: Servius Tullius, sechster König von Rom, von seiner Tochter → Tullia (2) und → Tarquinius Superbus umgebracht. - *a.u.c.* 1,59,13 (Einleitung zu Text 12).

U

Ulixēs, -is *m.*: lat. Name für Odysseus, kämpfte zehn Jahre vor Troja und musste dann weitere zehn Jahre lang über das Meer irren, weil der Meeresgott Poseidon (lat. *Neptūnus*) ihn dafür bestrafen wollte, dass er einen seiner sterblichen Söhne, den rundäugigen Kyklopen Polyphem, erschlagen hatte. → Information 1 zu Text 10 - *a.u.c.* 1,49,9 (Text 9)

V

Valerius: → Pūblius Valerius. - *a.u.c.* 1,59,2 (Text 12); 1,24 (Text 7)

Valerius: Lucius Valerius, ein Reiterführer im römischen Heer. - *a.u.c.* 5,48,5 (Text 16)

Valerius: Marcus Valerius, aus der berühmten Familie der Valerier, von König → Tullus Hostilius zum ersten Fetialen gemacht. Ein Fetiale war ein hoher Priester und erklärte nach den Regeln des sog. gerechten Kriegs (*bellum iūstum* → Information 2 zu Text 16) anderen Völkern den Krieg. - *a.u.c.* 1,24,6 (Text 7)

Vēientēs, -ium *m.*: die Vejenter, Bewohner der Stadt Veji. - *a.u.c.* 1,26,1 (Text 8); 2,13,4 (Text 13.2)

Vēiī, -ōrum *m. Pl.*: Veji, Stadt in Etrurien, 396 v. Chr. von → Camillus erobert. - *a.u.c.* 5,48,5 (Text 16)

Vestālis, -is *f.*: die Vestalin, Priesterin der Göttin Vesta, die den Bestand des Staates garantierte. Ihre Priesterinnen waren zu strengster Keuschheit verpflichtet. - *a.u.c.* 1,4,2 (Text 2); 1,3

Volēsus: Vater des → Pūblius Valerius. - *a.u.c.* 1,58,6 (Text 11)

Volsciī, -ōrum *m. Pl.*: die Volsker, latinischer Stamm am Fluss Liris (heute Garigliano). - Text 15 (Einleitung)